Negociações
eficazes

 UM GUIA ACIMA DA MÉDIA

Harvard Business Review
Negociações eficazes

Jeff Weiss

SEXTANTE

Harvard Business Review Press

Título original: *HBR Guide to Negotiating*

Copyright © 2016 por Harvard Business School Publishing Corporation
Copyright da tradução © 2018 por GMT Editores Ltda.
Publicado mediante acordo com Harvard Business Review Press

Todos os direitos reservados. Nenhuma parte deste livro pode ser utilizada ou reproduzida sob quaisquer meios existentes sem autorização por escrito dos editores.

tradução: Roberto Grey
preparo de originais: Liane Mufarrej
revisão: Rebeca Bolite e Suelen Lopes
diagramação: DTPhoenix Editorial
capa: Stephani Finks / HBR Press
adaptação de capa: Gustavo Cardozo
impressão e acabamento: Cromosete Gráfica e Editora Ltda.

CIP-BRASIL. CATALOGAÇÃO NA PUBLICAÇÃO
SINDICATO NACIONAL DOS EDITORES DE LIVROS, RJ

W456n Weiss, Jeff
Negociações eficazes/ Jeff Weiss; tradução de Roberto Grey. Rio de Janeiro: Sextante, 2018.
176 p.; 14 x 21 cm. (Coleção Harvard: um guia acima da média)

Tradução de: HBR guide to negotiating
ISBN 978-85-431-0595-6

1. Negociação. 2. Desenvolvimento pessoal. I. Grey, Roberto. II. Título. III. Série.

18-49304
CDD: 658.4052
CDU: 658:316.47

Todos os direitos reservados, no Brasil, por
GMT Editores Ltda.
Rua Voluntários da Pátria, 45 – Gr. 1.404 – Botafogo
22270-000 – Rio de Janeiro – RJ
Tel.: (21) 2538-4100 – Fax: (21) 2286-9244
E-mail: atendimento@sextante.com.br
www.sextante.com.br

Sumário

O que você vai aprender   9

Introdução   11
Negociar é uma questão de criatividade, não de conciliação

1. A Ferramenta dos Sete Elementos   19
Defina com cuidado o que é sucesso para você

Seção 1: ANTES DE ENTRAR NA SALA DE NEGOCIAÇÕES   31
O melhor negociador é aquele que está mais bem preparado

2. Questione suas suposições sobre a negociação   33
Desenvolva expectativas novas e empoderadoras

3. Prepare o conteúdo   40
Compreenda os interesses envolvidos, crie novas opções, pesquise quais são os critérios e pense nas alternativas

4. Prepare o processo   57
Planeje como vai trabalhar e se comunicar com a outra parte

5. Faça contato com antecedência   70
Chegue a um acordo quanto ao processo e quem participará dele

Seção 2: NA SALA DE NEGOCIAÇÕES 81
O poder vem de negociar com disciplina

6. **Comece a negociação** 83
   Defina como vocês vão trabalhar juntos

7. **Crie e refine suas opções** 92
   Aproveite ao máximo o tempo juntos

8. **Escolha o desfecho certo** 104
   Concentre-se numa solução viável e se comprometa com cautela

9. **Adapte continuamente sua abordagem** 111
   Esteja pronto para mudar de rumo

Seção 3: OS DESAFIOS COMUNS 117
Ferramentas e técnicas que podem ser usadas em situações específicas

10. **Alinhando múltiplas partes** 119
    Evite o caos e a ineficiência

11. **Acalme o negociador difícil** 131
    Mude o rumo da conversa

12. **Quando a comunicação se perde** 142
    Cultive o entendimento

13. **Quando as emoções atrapalham** 153
    Jogue água fria na fervura

Seção 4: PÓS-JOGO 161
A recapitulação cuidadosa estimula o aprendizado e o aperfeiçoamento

14. **Conclua a negociação** 163
    Saiba quando terminar e comunique as decisões finais

15. **Recapitule o que aconteceu**   170
   Utilize as lições aprendidas hoje para aperfeiçoar o amanhã

Saiba mais   174

O que você vai aprender

Para muita gente, negociar pode ser algo assustador ou, no mínimo, desagradável. Você fica preocupado com o fato de não ter as habilidades necessárias para argumentar de igual para igual e conquistar aquilo que merece, ou de prejudicar o relacionamento com seu chefe, um cliente ou um colega durante o processo. Tememos que a negociação vá se complicando até chegar a um momento de barganha ou a uma discussão acalorada, que pode acabar obrigando você a abrir mão de algo que deseja só para conseguir fechar o acordo.

Mas as negociações não precisam ser estressantes. É possível trabalhar com a outra pessoa a fim de obter o que ambas desejam, de maneira mais produtiva e positiva. Neste guia, você conhecerá uma abordagem criativa e cooperativa, que resulta em desfechos satisfatórios e em relacionamentos fortalecidos. Ela funciona em qualquer situação que exija que as partes cheguem a um acordo, independentemente dos interesses envolvidos – desde negócios milionários até um bate-papo informal com colegas sobre como levar um projeto adiante.

Você vai aprender a:

- identificar o que de fato está em jogo;
- superar as pressuposições sobre a outra pessoa;
- preparar-se com antecedência;

- dar o tom certo ao iniciar a conversação;
- apresentar soluções que funcionem para ambas as partes;
- refinar suas opções;
- lidar com as emoções na mesa de negociações;
- restaurar a comunicação quando ela for perdida;
- acalmar um negociador difícil;
- perceber quando deve abandonar a negociação – e como fortalecer de antemão seu plano de contingência;
- administrar negociações com múltiplas partes envolvidas;
- testar a viabilidade do acordo;
- aprender com a própria negociação.

Introdução

Negociar é uma questão de criatividade, não de conciliação

Mesmo sem perceber, você negocia o tempo todo. Ao pedir mais recursos ao seu chefe, concordar com o vendedor sobre o preço de um produto ou serviço, avaliar o desempenho de um funcionário, convencer um fornecedor a unir forças com sua empresa, ou até quando decide com o cônjuge onde vão passar as férias, você está transformando uma conversa potencialmente conflituosa em uma solução para ambas as partes. Negociar é isto: uma situação em que duas partes, com motivações e objetivos em geral competitivos, chegam a um acordo que satisfaça ambas.

Não são apenas as discussões de alto risco, que duram meses, que exigem uma abordagem ponderada. O aperfeiçoamento da capacidade de lidar com diferentes situações traz ótimos resultados. Isso significa aprimorar certas técnicas, como administração de conflitos (era de se esperar) e pensamento criativo (talvez por essa você não esperasse), fundamentais para se chegar a decisões mutuamente benéficas.

Já ouvi muita gente dizer que, para ser um bom negociador, é preciso ter raciocínio rápido no calor do momento e falar ou debater melhor do que a outra parte. Essas habilidades ajudam, com certeza. Mas os melhores negociadores – os que com frequência obtêm o que querem – são os mais bem preparados e os mais criativos.

Este livro vai ajudar você a desenvolver todas essas habilidades, de modo a ser mais eficaz no trabalho – e até na concretização daquela viagem de férias.

Os conselhos deste guia são dirigidos aos profissionais de todos os níveis hierárquicos, com ou sem experiência no assunto. Eles se aplicam a negociações de qualquer porte, não importando se você está sozinho na mesa de negociações ou se dispõe de uma equipe inteira de apoio. No decorrer do livro, há exemplos de pequenas e grandes negociações, para mostrar como as táticas funcionam na prática.

Repense seu conceito de negociação

Existe uma percepção equivocada de que, na negociação, das duas uma: ou você "ganha" ou você preserva o relacionamento com a outra parte – seu chefe, cliente, parceiro de negócios, etc. Ou seja, seria impossível conseguir as duas coisas. As pessoas acham que precisam escolher entre serem duronas e barganhar a todo custo ou serem dóceis e fazer concessões a fim de manter a amizade.

Essa maneira de pensar leva a negociação a ocorrer da seguinte forma:

Parte 1: É isto que eu quero.

Parte 2: É isto que eu quero.

Parte 1: Está bem. Farei essa pequena concessão para me aproximar do que você quer. Mas só desta vez.

Parte 2: Está bem. Como você fez isso, também farei uma pequena concessão. Mas só desta vez.

Parte 1: Olha, isso é o máximo que posso fazer.

Parte 2: Idem.

Parte 1: Acho que preciso consultar meu chefe (ou encontrar outra pessoa com quem negociar).

Parte 2: Também preciso recuar.

Parte 1: Talvez eu possa fazer alguma coisa. E se eu fizer mais uma concessão?

Parte 2: Ajudaria.

Parte 1: Então vou precisar de uma concessão da sua parte.

Parte 2: Está certo. E se concordássemos em dividir a diferença?

Parte 1: Negócio fechado.

Parece familiar? Essa é uma abordagem habitual, muitas vezes chamada de "negociação ou barganha posicional". As pessoas acreditam que, se entrarem na negociação parecendo severas e inflexíveis e, em seguida, fizerem pequenas concessões já planejadas e ameaças mal disfarçadas, terão uma influência maior e obterão o resultado desejado. Mas acredito que não é esse o caminho da negociação que leva ao que você quer. Trata-se simplesmente de uma atividade de barganha, um jogo de concessões que obriga você (e a outra parte) a chegar a um meio-termo.

A negociação posicional não é de todo má. Pode ser rápida e eficiente. Requer pouca preparação além do conhecimento prévio de qual será a proposta inicial e quais concessões e ameaças se está disposto a fazer. E, por fim, passa sempre a impressão de se ter obtido algo, porque, se a outra parte cumpriu seu papel, também terá feito uma concessão. Na verdade, a negociação posicional funciona bem quando se está fazendo transações simples, de baixo risco, e não há a preocupação com o relacionamento futuro com a outra parte (como barganhar o preço daquele sofá de couro usado no bazar).

No entanto, esse enfoque pode ser perigoso. Em quase todas as negociações no meio corporativo – pedir um aumento ao chefe, resolver um conflito com o cliente, convencer os outros de uma mudança de diretriz, concordar com o orçamento do ano seguinte, por exemplo – há muito mais em jogo e é grande a probabilidade de você continuar trabalhando com a outra pessoa. Se tentar usar a negociação posicional nesses contextos, não obterá resultados significativos. Você precisa se manter firme e, ao mesmo tempo, preservar os relacionamentos importantes.

A negociação posicional premia a teimosia e a ilusão. Muitas vezes resulta em desfechos arbitrários e prejudica os relacionamentos. E, sobretudo, ela o faz perder a oportunidade de obter mais do que a expectativa original do valor em jogo na negociação. Em outras palavras, por estar tão focado em dividir o bolo, você acaba não usando a criatividade para descobrir maneiras de fazê-lo crescer.

O maior perigo nesse enfoque talvez seja supor que se está num jogo de "soma zero" ou de toma lá dá cá: se você ganha algo, é porque a outra parte teve que ceder alguma coisa. Na maioria das negociações de que participei, há sempre um valor maior a ser criado do que o originalmente imaginado. O bolo quase nunca é estático, fixo.

Para negociar com maior eficácia, você precisa se afastar dessa abordagem combativa e de concessões e se aproximar de um enfoque mais cooperativo. A Tabela 1-1 mostra como reformular perguntas-chave sobre a negociação e chegar a isso. Por exemplo, em vez de se perguntar "O que estou disposto a ceder?", é possível pensar de modo mais criativo e indagar: "Quais são as diferentes

TABELA 1-1
Uma importante mudança na abordagem das negociações

De	Para
O que você quer?	Por que você quer isso?
Você aceita ou desiste?	Quais são as diferentes maneiras possíveis de resolver isso?
Que tal se a gente simplesmente dividir?	Quais os critérios pelos quais podemos avaliar (e defender) a melhor resposta?
Dizer "eu entendo..."	Demonstrar que entende
Pensar: minha força vem de saber que tenho razão, estou firme e utilizando bem o recurso das ameaças	Pensar: minha força vem de estar aberto ao aprendizado e à persuasão, de ter capacidade de descobrir os motivos do outro e de ser extremamente criativo

Copyright © 2011 Vantage Partners, LLC. Todos os direitos reservados.

maneiras pelas quais podemos resolver essa questão?" Assim, você garante que não está encolhendo o bolo, mas fazendo com que ele cresça. Ao longo deste guia, você vai aprender a fazer esta mudança importantíssima.

A abordagem do círculo de valor

Esta mudança é o fundamento do que meus colegas e eu chamamos de *abordagem da negociação segundo o círculo de valor*. É o que acontece quando duas partes se encontram e cooperam para solucionar um problema – como decidir sobre um contrato, criar os parâmetros para um novo trabalho ou definir as condições de uma nova sociedade. Juntas, elas aprofundam as questões e cooperam na busca de compreender inteiramente os interesses mútuos subjacentes, criam opções que atendam aos principais interesses de todos (inclusive de quem nem sequer está presente na sala de reuniões), discutem precedentes racionais e utilizam parâmetros externos para avaliar possibilidades – ao mesmo tempo que administram ativamente as comunicações e constroem um relacionamento de trabalho.

À primeira vista, pode parecer uma abordagem "suave" à negociação. Na verdade, é o oposto: é preciso ser duro e disciplinado para se tornar verdadeiramente criativo e aplicar critérios equilibrados na tomada de decisões. A adoção de uma abordagem de cooperação na solução de problemas não exige, nem sequer tolera, o sacrifício dos próprios interesses. É uma questão de ter clareza sobre a razão de você querer o que quer (e da outra parte querer o que ela quer) e usar essa informação para encontrar uma solução de alto valor que levará ambos aonde querem.

Meus sócios e eu desenvolvemos e aperfeiçoamos esse método durante as últimas três décadas, desde sua origem no nosso trabalho com Roger Fisher, no Harvard Negotiation Project. Nós o empregamos – junto com estruturas, listas de verificação e técnicas que compartilhamos neste guia – em negociações com diversos clientes, como empresários, líderes governamentais e estudantes em Harvard, na Tuck School of Business, da Faculdade de Dartmouth, e na Academia Militar de West Point. Ele se baseia em pesquisa e, principalmente, na prática de negociadores muito bem-sucedidos; desde os campos de batalha do Afeganistão às salas da diretoria no Vale do Silício, de Tóquio a Joanesburgo e até Berlim, de vendas e compras complexas a alianças e aquisições.

Os benefícios dessa abordagem resultam em soluções e relacionamentos de trabalho melhores, em mais apoio e adesão, e em uma implementação de soluções mais exitosa.

É claro que também há desafios. A abordagem requer mais preparo, habilidades mais profundas e muita disciplina. É provável que você tenha que dedicar um bom tempo antes da negociação para repensar suas necessidades, as necessidades da outra parte, as opções criativas e assim por diante. Nem toda negociação se conclui em uma única sessão. Algumas podem exigir muitas reuniões, com intervalos entre elas, para que as partes refaçam as questões, se reagrupem ou revisem o plano. É preciso disciplina para controlar as reações – evitar respostas impensadas ao que a outra parte talvez faça ou diga – e seguir em frente na direção desejada. Quando o trabalho dentro do círculo de valor é iniciado, até a negociação mais simples exige que você pense antes, durante e depois.

Talvez você se sinta incomodado em utilizar uma abordagem não convencional. A outra parte também pode se sentir assim. Pode até interpretar sua disposição em cooperar como prova de fraqueza e pensar que dá para se aproveitar de você. Mas, se você seguir os conselhos apresentados aqui, isso não vai acontecer. Na verdade, você moldará a negociação e terá os resultados que deseja, que serão muito melhores do que esperava.

Capítulo 1
A Ferramenta dos Sete Elementos

Defina com cuidado o que é sucesso para você

Sua definição do que é ter sucesso em uma negociação vai influenciar a maneira de você se preparar para ela e seu jeito de negociar. Pense bem sobre o que deseja conquistar: o que significa um bom acordo para você? Como quer se sentir ao deixar a mesa de negociações? Você deve identificar critérios específicos para orientá-lo na preparação e usar esses mesmos critérios a fim de avaliar o acordo fechado.

Cuidado: há uma porção de critérios habituais que são limitadores e até perigosos. Alguns profissionais acham que negociar bem é ser capaz de obter mais concessões do que fazê-las, ou conseguir obrigar a outra parte a recuar até o limite. Outros acreditam que o sucesso consiste em evitar o confronto ou uma situação constrangedora. E ainda há os que se sentem satisfeitos simplesmente por terem chegado a um acordo, qualquer que ele seja.

Esses critérios enfatizam coisas erradas e podem comprometer a eficácia do negociador. Ao usá-los, você pode limitar sua abordagem, bloquear a criatividade e, sobretudo, ter prejuízos na mesa de negociações por não levar em conta uma solução melhor. Ficamos tentados a usar esses critérios principalmente se percebemos que eles estão sendo adotados pelo interlocutor ou pelo chefe. Mas não siga esse caminho. Em vez disso, utilize uma definição mais consistente de sucesso, algo que obedeça a sete critérios.

Defina o sucesso com a ajuda dos Sete Elementos

Sua meta de acordo deve:

- satisfazer os principais **interesses** de todos (os seus e os da outra parte);
- ser a melhor de diversas **opções**;
- obedecer a **critérios** justos e legítimos;
- ser melhor que as **alternativas**;
- ser feita de **compromissos** claros e viáveis;
- resultar de uma **comunicação** eficaz;
- ajudar a criar o tipo de **relacionamento** que você deseja.

Os termos em negrito são o que chamamos de *Sete Elementos*. Eles não só constituem um checklist (lista de checagem útil) para determinar se você foi bem-sucedido na negociação, como podem orientar toda a abordagem do círculo de valor. Iremos usá-los ao longo do livro, mas, por enquanto, vamos nos debruçar sobre a maneira como eles definem uma negociação bem-sucedida.

Satisfaz os principais interesses de todos

Por *interesses* não queremos dizer exigências ou posições preconcebidas que as partes possam ter, mas as necessidades subjacentes, os objetivos, os medos e as preocupações que dão forma ao que você quer.

Por exemplo, ao negociar uma oferta de emprego, você talvez diga a si mesmo que deseja no mínimo um salário de 5 mil reais e um bônus anual de dois salários. Trata-se, no entanto, de um desejo, não de uma afirmação que explique a motivação do desejo. Você deseja essa quantia para pagar dívidas de curto prazo, cobrir o aumento das despesas domésticas, viajar, garantir o futuro ou outra coisa? Esses são os interesses que constituem sua motivação. É importante identificá-los, porque talvez seja possível satisfazê-los de outras maneiras, algumas até mais valiosas para você do que os 5 mil reais mais dois salários.

Tenha como meta um resultado que satisfaça todo o leque de seus interesses *e* os da outra parte; isso vai contribuir em muito para assegurar o sucesso do acordo.

É a melhor de diversas opções

Opções são as soluções criadas para satisfazer os seus interesses e os da outra parte. No decorrer de uma negociação produtiva, vocês dois vão criar muitas opções a serem discutidas.

O acordo final deve ser o melhor dentre as várias opções. Um bom negociador sai do debate sentindo que ele e a outra pessoa criaram algo de real valor. Se, no desfecho, ficou a sensação de terem adotado a única solução possível, então é provável que ela não tenha sido boa.

Obedece a critérios justos e legítimos

Os *critérios* são medidas externas e objetivas, possíveis de ser aplicadas a um acordo para avaliar sua imparcialidade. Podem ser parâmetros formais de avaliação, como preços de mercado, regras, regulamentos; talvez a prática habitual ou rotineira, ou precedentes ocorridos na sua empresa; ou ainda a avaliação informal de uma terceira parte. As pessoas que avaliam o acordo – você e a outra parte, seu chefe, diretores da outra empresa, avaliadores externos – vão querer saber se ele é justo e compará--lo com critérios objetivos ou normas externas. Não é possível aceitar um preço mais baixo simplesmente porque a outra parte pediu e suplicou, ou obter uma concessão fundamental simplesmente porque uma das partes foi melhor que a outra no debate.

Em uma pesquisa que fizemos com quase mil negociadores no mundo inteiro, descobrimos que a grande maioria desejava sair da negociação com a sensação de ter sido tratada de maneira justa e de poder defender o resultado diante dos executivos e dos críticos. Grande parte relatou que isso era mais importante do que achar que havia feito um "grande negócio". Tenha como meta um acordo que possa ser considerado justo pelos presentes à mesa de negociações e pelos demais fora dela.

É melhor que as alternativas
Uma *alternativa* é algo que você faria para atender a seus interesses se fosse incapaz de chegar a um acordo com a outra parte, algo que não dependesse da concordância dela.

Em geral, ao prever situações em que um acordo é impossível, a maioria das pessoas simplesmente diz: "Não estou disposto a baixar para menos de 120 mil reais", ou "Meu chefe mandou que abandonássemos a negociação se não fosse possível chegar a esses termos". Infelizmente, apesar de ser o mínimo do que você deseja, essa quantia é muitas vezes arbitrária. Em vez disso, pense em quais são as suas verdadeiras alternativas: o que você faria se não conseguisse chegar a um acordo com a outra parte? Encontraria outro fornecedor? A empresa seria capaz de fabricar essa peça? Ou deixaria realmente de fazer o produto? E quais seriam todos esses ônus para você, em termos de tempo, qualidade e dinheiro?

Depois de ter identificado as alternativas, pense em qual seria a melhor. (Às vezes isso é chamado de BATNA – sigla em inglês para Best Alternative to a Negotiated Agreement, ou seja, a melhor alternativa a um acordo negociado. Vou me referir a ela como a *melhor alternativa*.)

Qualquer resultado com o qual você concorde precisa ser melhor do que o que você faria se abandonasse as negociações. Se a melhor opção proposta pela outra parte tiver menor valor do que sua melhor alternativa, é claro que faz mais sentido você ficar com sua alternativa.

É feita de compromissos claros e viáveis

Cada uma das partes acaba *se comprometendo* a fazer ou não determinadas coisas, de certo modo, em um determinado prazo, e assim por diante. Esses compromissos – de fornecer algum serviço, pagar certa taxa, entregar algum produto, fornecer recursos – precisam ser operacionais, bem detalhados e realistas. Também devem ser firmados por alguém com a devida autoridade e contar com a necessária aprovação das partes interessadas.

Não é só o acordo final que contém compromissos. É provável que as partes também façam promessas durante o processo de negociação (de pesquisar critérios ou de vetar uma opção junto ao pessoal da sede da empresa, por exemplo). É importante que cada uma dessas promessas, inclusive a final, seja feita por alguém que tenha autoridade para fazê-lo, de ambos os lados da mesa de negociações.

Afinal, formular acordos impraticáveis é perda de tempo. A sensação de ter levado vantagem sobre a outra parte pode ser boa no decorrer do acordo, mas, uma semana, um mês, ou até um ano depois, se o fornecedor for de fato incapaz de produzir as unidades de que sua empresa precisa, é provável que você acabe se arrependendo de ter concordado com aqueles termos. Para um acordo ser bem-sucedido, é necessário ficar claro que cada parte deve ser capaz de cumprir seu lado do trato.

É resultado de uma comunicação eficaz
Muitos negociadores cometem o equívoco de se concentrar apenas no conteúdo da negociação (interesses, opções, critérios, etc.). No entanto, a maneira de *comunicar* esse conteúdo pode fazer toda a diferença. A linguagem que usa e o modo como cria o entendimento, como resolve os problemas em comum e determina o processo de negociação com a outra parte aumentam a eficiência da negociação. Isso gera acordos claros e compreensíveis e auxilia a criação de melhores relacionamentos.

Quando as linhas de comunicação entre as partes se mantêm abertas, isso ajuda bastante ao bom termo da negociação, além de facilitar uma negociação futura.

Ajuda a criar o tipo de relacionamento que você deseja
A maneira como o *relacionamento* com a outra parte é administrado também é um fator crítico para o êxito da negociação. Talvez você queira estabelecer um novo contato ou recuperar algum que tenha sido prejudicado. De qualquer modo, trata-se de elaborar um sólido relacionamento de trabalho, baseado no respeito mútuo, na confiança bem estabelecida e no espírito colaborativo de resolução de problemas.

Usando os Sete Elementos

Alguns elementos estão mais relacionados ao processo ou ao modo de funcionamento da negociação, e outros são mais relevantes para a essência ou o conteúdo dela. A Figura 1-1 mostra os Sete Elementos e como eles são utilizados.

Alguns clientes já me perguntaram se o simples fato de superar a melhor alternativa da outra parte pode ser considerado sucesso na negociação, bastando alcançar esse elemento. Minha resposta é sempre a mesma: vise satisfazer os requisitos de *todos* os Sete Elementos, tanto dos relativos ao conteúdo quanto dos relativos ao processo. Todos são importantes para assegurar que se extraiu o máximo do acordo. Você não pularia itens de um checklist feito para atestar a segurança de um produto, analisar um contrato ou ajudar na compra de uma peça fundamental de um equipamento, não é mesmo? Então por que fazer isso nesse caso? Comece com essa abordagem estruturada e mantenha a disciplina no decorrer da negociação.

FIGURA 1-1

Os Sete Elementos da negociação

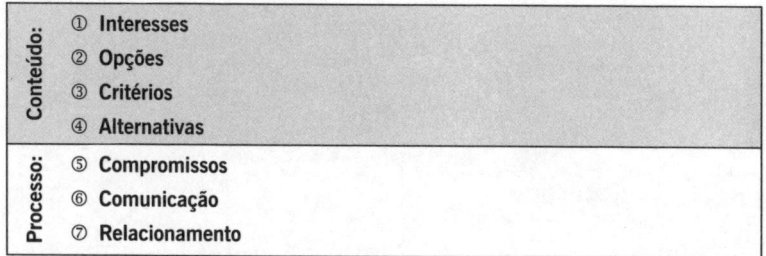

Os Sete Elementos fornecem um esquema útil para definir a medida do sucesso e, como ficará claro nos próximos capítulos, você pode usar esses elementos para ajudá-lo a se preparar, a definir o enfoque na sala de negociações, a diagnosticar e a lidar com as situações difíceis, e a registrar depois o que foi aprendido. Utilize a Ferramenta dos Sete Elementos (Figura 1-2) a fim de registrar a informação sobre cada um dos Sete Elementos durante seu trabalho de preparação e de negociação. Pense de maneira aberta e anote o máximo de respostas possíveis para cada lembrete. Ao perceber algo novo, antes ou depois da negociação, ou caso aconteça algo que você não previu, volte e atualize a ferramenta. Este roteiro o guiará durante todo o processo.

Tenha em mente que nem sempre os elementos serão usados na mesma ordem; tampouco a ferramenta permanecerá estática ao longo da negociação. O mais provável é que você volte a ela diversas vezes, retornando repetidamente aos elementos à medida que acumula mais informação.

Agora que você adquiriu uma boa compreensão do que é o sucesso e de como obtê-lo, é hora de se preparar para a negociação.

FIGURA 1-2

Ferramenta dos Sete Elementos

Partes envolvidas	Interesses
	Nossos interesses
	Interesses da outra parte
	Interesses da terceira parte
Questões fundamentais	

(continua)

(continuação)

Opções	Critérios
questão nº 1	questão nº 1
questão nº 2	questão nº 2
questão nº 3	questão nº 3

Alternativas	Compromissos				Relacionamento	
	Elementos de um esboço para o acordo				Atual	Preferível
Nossas alternativas para um acordo negociado com esta parte (destacar a melhor)						
	Qual é a nossa autoridade?				Diagnósticos possíveis de algum desentendimento	
Maneiras de aperfeiçoar a nossa melhor alternativa	Qual é a autoridade da outra parte?				Maneiras possíveis de eliminar o desentendimento	
	Qual o nível de comprometimento que queremos?	Nesta reunião	Na reunião seguinte	No fim da negociação		
As alternativas da outra parte (destacar a melhor)	Ao expressar pontos de vista	☐	☐	☐		
	Ao criar opções	☐	☐	☐		
	Ao fazer recomendações em conjunto	☐	☐	☐		
Maneiras de enfraquecer a melhor alternativa da outra parte	Ao fazer um esboço de acordo	☐	☐	☐		
	Ao concluir e fechar o acordo	☐	☐	☐		

(continua)

(continuação)

Comunicação	
Objetivo da reunião	Perguntas a fazer/informações para ouvir com atenção
Resultados desejados	Informação a ser transmitida
Quem deve estar presente?	Suposições a serem testadas
Processo adequado	Como lidar com conflitos?

Seção 1
Antes de entrar na sala de negociações

O melhor negociador é aquele que está mais bem preparado

A preparação é o segredo de qualquer negociação bem-sucedida, mas são poucos os que se dedicam o suficiente a isso. Já ouvi executivos de vendas dizerem que a preparação deles se dá de acordo com o tempo que levam para chegar ao escritório do cliente. Isso até poderia bastar – se a reunião fosse em Tóquio e você morasse em São Paulo.

Prepare-se com o máximo de antecedência possível para a negociação. Dedique tempo a:

- questionar suas suposições sobre a negociação;
- descobrir o que você deseja da negociação e por quê – e o que a outra parte deseja e a razão;

- estimular a criatividade em relação às suas opções;
- pensar em parâmetros objetivos para aplicar a essas opções;
- avaliar qual é a sua melhor alternativa (e a da outra parte);
- planejar como lidar com a comunicação e o relacionamento com a outra parte;
- construir a base de uma negociação bem-sucedida, aproximando-se com antecedência da outra parte.

Fazer tudo isso lhe confere uma vantagem na mesa de negociações. Você estará mais capacitado para controlar o processo e delinear o desfecho.

No próximo capítulo, discutirei como superar alguns dos preconceitos mais comuns que existem no início de uma conversa com a outra parte. Em seguida, no restante da seção, tratarei de como se preparar tanto para o conteúdo quanto para a logística da negociação.

Capítulo 2
Questione suas suposições sobre a negociação

Desenvolva expectativas novas
e empoderadoras

Ao dar início ao processo de preparação, é possível que você já tenha feito uma série de suposições sobre o desenrolar da negociação, muitas de caráter negativo. Talvez você desconfie que a outra parte só vai concordar com uma única opção (porque ela nunca se afastou da sua diretriz usual), ou que a negociação será desagradável e contenciosa (porque essa foi a experiência que você teve).

Mas suposições assim são perigosas e limitadoras: tolhem a criatividade. Por exemplo, se você acredita que a outra parte vai se apegar a determinada diretriz, provavelmente seu foco será no combate direto a ela, descartando no processo opções mais inventivas que, na verdade, talvez resultassem em algo *melhor* para ambas as partes. Ou, se achar que a outra parte vai forçar a barra, talvez você sinalize, sem se dar conta, que também fará o mesmo.

Vejamos, por exemplo, um vendedor que negocia com um gerente de compras. O vendedor pode pensar: "Bem, o gerente nunca aceitou um acordo de risco compartilhado, então desta vez não vamos nem propor isso." Essa suposição fará com que ele deixe de levar em conta algo que talvez fosse uma solução viável para ambos. E mais: se o comprador souber que o vendedor está omitindo algo por subestimá-lo, o relacionamento poderá ser prejudicado. Além disso, ao omitir informação, talvez o vendedor perca a oportunidade de sair com algo de valor da negociação. Uma mudança relativamente simples no modo de pensar – de "ele nunca aceitará isso" para "se eu não tentar, jamais vou saber se ele aceitará opções novas e criativas" – pode alterar de maneira positiva a negociação.

Ao começar a se preparar, examine com cuidado suas pressuposições e de que modo elas podem inibir suas ações. Em seguida, conteste-as e veja se consegue mudá-las. Faça isso durante toda a negociação, verificando quais são suas suposições e reformulando-as se necessário.

Afinal, o vendedor do exemplo pode propor o risco compartilhado como opção: "Sei que você não demonstrou interesse antes, mas mudamos a maneira de estruturar os negócios para atender às questões contábeis levantadas. Talvez essa medida resolva o problema dos preços, e por isso quero testar o negócio para ver se conseguimos torná-lo atraente para ambos os lados."

Mesmo que o comprador recuse, o vendedor demonstrou compreensão diante dos interesses da outra parte e boa vontade em colaborar e se abrir às soluções criativas.

Preste atenção nas suposições que você faz

Para entrar de mente aberta numa negociação, é preciso primeiramente adquirir consciência de determinadas suposições que traz consigo e que podem limitar sua perspectiva. Não é tão fácil quanto parece, porque essas ideias muitas vezes estão profundamente enraizadas, dando a impressão de serem verdades objetivas, em vez de crenças subjetivas.

As pressuposições negativas habituais se enquadram em duas categorias: julgamentos prematuros sobre a outra parte e suposições relativas à negociação de modo mais geral.

Sobre a outra parte
- Tal como no exemplo do vendedor, você supõe que a outra parte vá se comportar de acordo com a experiência que já tiveram no passado: "Ela nunca vai aceitar uma sociedade em igualdade de participação", ou "Ela sempre começa bancando a boazinha, mas no fim muda de abordagem".
- Mesmo sem nunca ter negociado com a pessoa, você pressupõe que ela agirá conforme a origem ou função dela: "O pessoal de tal região do país é agressivo; daquela outra região é informal." Ou: "O pessoal de compras só se importa em baixar o preço; os engenheiros só se importam com a qualidade do produto e são fáceis de convencer quando se trata de preço."

Sobre como será o desenrolar da negociação
- Talvez você suponha que as negociações entre empresas são sempre formais, prolongadas e exageradamente focadas em termos e condições. Ou então que certos tipos de negociação pessoal, tais como pedir aumento, comprar um carro ou uma casa, são sempre litigiosas e do tipo toma lá dá cá.

À medida que se prepara para negociar, recapitule as negociações passadas, ou outros tipos de situações de trabalho, e faça uma lista das suposições que se provaram falsas. Tente perceber padrões e identificar os tipos de conjecturas que em geral você faz.

Depois, reveja a lista e pergunte a si mesmo qual delas é relevante à situação em pauta. Ao fazê-lo, acrescente quaisquer outras suposições que lhe vierem à cabeça.

Mude suas suposições

Depois de listar suas suposições, encare a possibilidade de elas não serem verdadeiras e, então, pense no que seria preciso para provar isso. Dependendo da resposta, há várias formas de mudar seu pensamento.

Mudando suas suposições sobre a outra parte
Dados tangíveis são uma das melhores maneiras de refutar um mito. Procure pessoas que conheçam o indivíduo ou a organização com quem você vai negociar. Converse com alguém que já trabalhou com ele. Talvez você descubra gente que tem uma função parecida com a da outra parte e que possa lhe dar uma pista daquilo que ela acha importante, de quais pressões pode estar sofrendo, ou de quais são os interesses dela. Reúna o máximo de fatos para ajudá-lo a refutar ou, ao menos, contestar suas crenças.

Se você não tiver acesso a esses fatos, explique a alguns colegas de sua confiança suas suposições e peça a *eles* que as contestem sistematicamente. Permita que eles descubram falhas nas suas teorias, pois isso poderá ajudá-lo a ver as coisas de modo diferente.

Mudando suas suposições sobre como a negociação vai transcorrer
Para lidar com suas ideias negativas sobre o rumo que a negociação vai tomar, reformule-as para sugestões "favoráveis" – as que podem levar a um desfecho mais positivo. (Se você não conseguir

refutar preconceitos sobre a outra parte, essa abordagem também pode servir para ela.)

Imagine como você agiria se a sua crença *não fosse* verdade. Foi o que fez o vendedor no exemplo anterior. Ao perceber que suas suposições – de que a outra parte não passava de "mais um gerente de vendas sem imaginação", que nunca pensaria em discutir um acordo de risco compartilhado e, portanto, nem valeria a pena levantar essa ideia – talvez fossem equivocadas e pessimistas, ele listou algumas alternativas nas quais o risco compartilhado *pudesse* dar certo (para ele e para a outra parte). Munido dessa lista, o vendedor está preparado para compartilhar essa informação com o gerente de compras – para testar tanto a abertura dele a essa ideia, como para persuadi-lo dos benefícios para ambos.

Na Tabela 2-1, há uma lista de outras suposições limitadoras e suas contrapartidas mais favoráveis.

Procure surpreender a si mesmo

No decorrer das interações com a outra parte, continue a procurar dados que contestem suas suposições. Pense em pedir que alguém de sua equipe desempenhe o papel de advogado do diabo: a tarefa dele será ficar de olho em qualquer prova que refute suas crenças. Talvez você tenha considerado a outra parte inflexível, mas percebe nela uma disposição de acolher gente nova na discussão ou de compartilhar informação que você nunca imaginou que ela revelaria: parece que é hora de rever seus preconceitos.

Questione também suas suposições sempre que ficar empacado na negociação. Volte para a lista e veja qual pensamento pode estar paralisando você naquele determinado momento. Se pudesse refutar ou reformular qualquer um deles, isso o ajudaria a prosseguir no processo?

TABELA 2-1

Mudando suas suposições sobre a negociação

Limitante	Favorável
Temos interesses opostos, portanto nenhum de nós conseguirá obter o que quer.	Apesar de haver conflito entre alguns interesses, há outros em comum ou apenas um pouco diferentes.
Essas negociações são sempre litigiosas. Não há outra maneira de lidar com elas a não ser barganhando e, finalmente, cedendo.	Há muitas maneiras de negociar e, com um pouco de disciplina, posso abrir caminho para uma negociação mais cooperativa.
A outra parte toma decisões ruins.	Como todo mundo, a outra parte defenderá o que acredita ser seu maior interesse.
Eu deveria me comportar tão mal quanto ele.	Eu deveria colocar em prática aquilo que nos faz avançar no caminho certo, a despeito de como a outra parte se comporta.
Não temos escolha a não ser concordar com essa solução.	Há sempre outras opções, e nada é definitivo até que eu concorde com a proposta.
É impossível lidar com essa gente.	Por meio da abordagem e das ferramentas certas consigo entender quais são as motivações da outra parte e construir um acordo que funcione.

Copyright © 2013 Vantage Partners, LLC. Todos os direitos reservados.

Por fim, reveja suas pressuposições depois do fim da negociação. Volte para a lista e defina o que você percebeu. Registre a nova lição para não cometer os mesmos erros outra vez. (Entrarei em mais detalhes sobre aprender com a negociação na Seção 4.)

Tenha em mente que muitas de suas suposições, mesmo as negativas, serão confirmadas depois que você estiver na sala de negociações. Afinal, muitas são baseadas na experiência passada, que pode ser uma boa conselheira. Talvez a outra parte *de fato* tome decisões ruins ou seja especialmente teimosa. Mesmo assim, se você tiver uma conduta mais positiva, isso vai ajudá-lo a superar essas limitações. Se você considera que as duas partes são incapazes de serem criativas, de mudar o rumo da negociação, de ajustar o relacionamento e de confiar uma na outra, então nunca chegarão lá.

Capítulo 3
Prepare o conteúdo

Compreenda os interesses envolvidos, crie novas opções, pesquise quais são os critérios e pense nas alternativas

Para ter agilidade e criatividade na negociação, é preciso que você se prepare quanto ao conteúdo e ao processo: *o que* você vai falar e fazer, e *como* vai falar e fazer. Você já foi apresentado aos Sete Elementos e utilizou-os para definir como ser bem-sucedido. Agora utilizará os mesmos Sete Elementos para se preparar. Neste capítulo, vamos nos concentrar nos primeiros quatro elementos – interesses, opções, critérios e alternativas –, que formarão o perfil de sua conversa. Os outros três – compromissos, comunicação e relacionamento – dizem mais respeito ao processo, e vamos abordá-los em seguida.

Observação: embora os elementos sejam apresentados numa ordem lógica, é importante lembrar que, na prática, as coisas são muito mais fluidas; você voltará a eles de modo aleatório no decorrer da negociação. Por exemplo, é útil pensar nos interesses para assentar os fundamentos que depois vão gerar as opções, mas pensar nas opções pode ajudá-lo a descobrir interesses que não tinham passado pela sua cabeça. Quando você estiver de fato na sala de negociações, voltará sempre ao seu trabalho preparatório e o atualizará também.

Reserve tempo para se preparar

As negociações – qualquer que seja sua dimensão – precisam de tempo, dedicação e uma preparação cuidadosa. É bom dedicar à preparação o mesmo tempo que você imagina que a negociação levará – no mínimo. Isso é verdade até para negociações simples. Se você marcou uma conversa de duas horas, passe pelo menos duas horas se preparando. E, quanto mais complexas as questões em pauta, mais é preciso estar preparado – pelo menos o dobro ou o triplo do tempo que você vai passar à mesa de negociações.

Em certas ocasiões, é claro, será impossível se preparar por completo: você encontra seu chefe a caminho de uma reunião, por exemplo, e é obrigado a negociar com ele o prazo final da entrega de um relatório; um vendedor aparece inesperadamente e quer negociar uma nova compra volumosa; um cliente liga querendo um desconto. Mesmo discussões como essas exigem algum trabalho rápido de preparação – ou, na pior das hipóteses, uma consulta mental rápida aos Sete Elementos enquanto você caminha pelo corredor –, a fim de compreender como é um acordo bem-sucedido nessa situação e o ponto de vista de ambas as partes.

Identifique quem você envolverá nos seus preparativos

Embora talvez seja necessário fazer sozinho a maior parte da preparação, vale a pena envolver outras pessoas. Ainda que você não receba ajuda ativa, elas podem ao menos lhe fornecer alguma informação útil.

À medida que você trabalha cada elemento na sua preparação, procure colegas, de dentro e de fora da empresa, que já participaram de negociações semelhantes ou com a mesma parte. Convide-os para uma sessão de brainstorming para discutir interesses e alternativas da outra parte ou simplesmente converse com eles para sondar o que pensam: "Carol, estou no meio de um acordo de responsabilidade limitada com um novo cliente, procurando concordar quanto aos termos. Eis os obstáculos; como você resolveu essa questão anteriormente?"

Também procure pensar de forma ampla sobre quem será afetado pelos resultados da negociação. Podem ser seus pares, que terão de concretizar a decisão a que você chegar; seu cônjuge, que se preocupa com o desfecho de sua negociação salarial; e, em casos de grande importância, o diretor de sua empresa ou o conselho administrativo. Não é preciso incluir esse pessoal em todas as sessões de preparação, mas talvez seja útil recapitular com eles o trabalho que você fez sobre os Sete Elementos antes de entrar na sala de negociações. É desagradável vir a saber depois que determinada opção que você propôs se revelou inviável, ou que você não levou em conta algum interesse importante deles. A maioria das pessoas se lembra de fazer isso com o chefe, mas deixa de fazê-lo de modo adequado com as outras partes interessadas.

Mesmo que mais ninguém seja afetado pelo desfecho da negociação, é sempre útil ter outra pessoa acompanhando sua preparação para desafiar suas ideias e lhe fazer perguntas difíceis. Peça a um colega confiável que recapitule seu trabalho com você, desempenhando o papel de advogado do diabo.

Antes da preparação

Para começar, pense em todas as partes envolvidas na sua negociação – as partes interessadas que você acabou de identificar, além de outras afetadas diretamente (os negociadores e as pessoas diante das quais eles terão de defender o acordo), ou indiretamente (usuários finais, alta administração, gerências jurídica e financeira, agências reguladoras).

Esboce um mapa mostrando de maneira geral como todos esses atores se interligam – quem precisa informar quem, quem influencia quem.

Depois de fazer contato com a outra parte, é preciso mergulhar fundo na lista dessas pessoas e no modo como vão influenciar a negociação (veja o Capítulo 5). Mas, por enquanto, tenha uma rápida noção dos atores.

Em seguida, identifique as questões fundamentais – os pontos concretos que devem ser negociados. Por exemplo, numa negociação de vendas, você talvez precise acordar preço, serviço, data de entrega e assim por diante. Repensar cada questão o ajudará a avaliar seus interesses, os interesses da outra parte e um amplo leque de opções.

Tenha em mente estas duas coisas: quem são as partes e quais são as questões envolvidas ao se preparar para a negociação, usando cada um dos Sete Elementos.

Interesses: identifique objetivos e necessidades subjacentes

Comece a analisar os elementos entendendo quais são seus interesses. Isso às vezes é mais trabalhoso do que se imagina. Você talvez pense grande: "ganhar o máximo de dinheiro possível", "fazer isso rapidamente" ou "ter controle sobre o projeto". Ou talvez já tenha uma ideia na cabeça sobre aquilo que quer: o salário de 5 mil reais mais o bônus de dois salários discutidos no Capítulo 1. Mas é preciso ir além *do que* você quer e focar no *motivo* de querê-lo. Por que deseja esse determinado salário e o bônus? O que fará com o dinheiro? O que o leva a desejar o salário mais o bônus? No fundo, quais são suas necessidades, seus objetivos, seus temores e suas preocupações relativos a essa negociação? É necessário garantir que se identifiquem não apenas um ou dois fatores, mas todas as suas motivações relevantes.

Anote cada interesse que você imaginar. Em seguida, pergunte qual a importância de cada um deles. Continue essa linha de raciocínio, perguntando por que *esse* motivo é importante. Continue a perguntar *por quê, por quê, por quê?* Aprofundando-se, você conseguirá uma melhor compreensão daquilo que realmente deseja da negociação, de modo a ser mais criativo e encontrar soluções que resultem em melhores desfechos.

Estude a outra parte

Pense em quais talvez sejam os interesses da outra parte. Sua primeira hipótese pode ser apenas um palpite, mas procure embasá-la com provas. Estude as negociações passadas com essa determinada pessoa ou organização. O que a motivava naquelas situações? Se você não participou dessas discussões, pergunte a colegas que participaram.

Converse com quem conhece a outra parte fora do contexto de uma negociação. O que a outra parte valoriza mais? Estude negociações semelhantes com outras pessoas ou outras companhias. O que era mais importante naqueles casos, e o que pode ajudá-lo a estimar os interesses da outra parte atual?

Pense nessas ideias iniciais como hipóteses que você pode testar à medida que acumula mais informações, antes da negociação e durante ela; afinal, é preciso ter cuidado para não fazer apenas suposições. E, do mesmo modo que fez com seus interesses, pergunte a si mesmo *por que* a outra parte valoriza cada um dos próprios interesses.

Leve em consideração outras partes interessadas
Pense também nos outros indivíduos direta ou indiretamente envolvidos na negociação. Por exemplo, imagine por que os Recursos Humanos dariam importância ao pacote de compensações que você quer negociar com seu futuro chefe. Pense em quais seriam as preocupações das agências reguladoras que estão monitorando a aliança do departamento de Pesquisa e Desenvolvimento da sua empresa, ou reflita sobre qual seria a possível preocupação do departamento financeiro sobre a venda que você vai negociar com um cliente.

Identifique as áreas de conflito e os pontos em comum
Depois de listar os interesses de cada indivíduo, verifique se de alguma forma eles se sobrepõem, quais são diferentes mas complementares e quais entram em conflito. Pensar com antecedência nos motivos que orientam seu comportamento e o da outra parte em questões semelhantes, ajudará você a elaborar opções que aproveitam interesses complementares ou a unir pontos conflitantes.

Opções: imagine soluções em potencial

Ao pensar nas opções, tenha como objetivo desenvolver soluções que sejam capazes de atender aos interesses de todos os envolvidos.

Anote o máximo de ideias boas, ruins, loucas; não se satisfaça com uma ou duas opções. Estabeleça a meta de pelo menos sete ou oito, mesmo numa negociação simples, e muitas mais, em uma complexa.

Permita-se criar soluções aparentemente inviáveis; muitas vezes é a partir delas que você perceberá o caminho até a mais viável. Essas soluções podem não atender a todos os interesses listados, mas cada uma delas deve atender pelo menos a um interesse de uma das partes interessada.

Durante essa etapa dos preparativos, talvez você encontre uma opção que julgue perfeita, pois atende aos interesses de todos. Mas não se prenda demais a uma única ideia nem se preocupe ainda em dar prioridade a algumas delas. É bom elaborar tantas quanto possível, de modo a entrar na sala de negociações equipado com um leque de soluções. Desse modo, você terá opções extras no caso de sua ideia perfeita não emplacar e estará com os olhos e ouvidos abertos se a outra parte compartilhar algo novo sobre os interesses dela, ou até sugerir um plano melhor.

No entanto, não se preocupe em revelar todas as opções à outra parte – seja apenas criativo. Se faltar fôlego, volte a consultar sua lista de interesses, identifique os conflitantes e pergunte: "O que posso fazer a respeito destes aqui?"

Concentrar-se nesses interesses subjacentes mais profundos, que você listou antes, é o segredo desse exercício. Por exemplo, ao imaginar as opções para a negociação sobre aumento salarial com seu chefe, evite pensar: "Eu quero 5 mil reais e ele não tem interesse em me dar o aumento." (Parece que não há muitas opções capazes de atender a essas afirmações amplas de interesses.) Em vez disso, pense que você deseja aumento principalmente para pagar seu curso a distância e para cobrir o aumento de custos com a criação dos filhos.

Talvez a outra parte esteja preocupada em manter o nível salarial constante e ter dinheiro à mão para viabilizar a contratação de um novo funcionário. Quando você pensa dessa maneira, consegue enxergar que uma das opções seria a empresa pagar seu curso, principalmente se agregar valor a você como funcionário – e ainda mais se suas habilidades recém-adquiridas desobrigassem a empresa de fazer uma nova contratação.

Faça barganhas mais inteligentes

Algumas opções podem ser simples permutas: por exemplo, aceitar o aumento de preço, da parte de um vendedor, em troca da melhora do serviço.

No entanto, obrigue-se a ser mais sofisticado. Invente opções de barganhas de baixo custo e alto lucro. Imagine que opção seria mais valiosa para a outra parte sem tirar muito de você e vice-versa.

Por exemplo, suponha que você está negociando com um cliente a venda de um equipamento que vale milhões de dólares. Você sabe que ele está profundamente preocupado se o novo equipamento vai funcionar com o já existente na empresa dele. Se houver engenheiros disponíveis, ofereça uma inspeção prévia a fim de atestar essa compatibilidade, sem ônus. Essa proposta não lhe custará muito (caso haja disponibilidade de seus engenheiros) e atenderá ao interesse do cliente: a segurança de que a empresa dele poderá utilizar o novo e caro equipamento.

Procure ajuda

Se você acredita que já aventou todas as opções possíveis, compartilhe os interesses que identificou com um colega que *desconheça* a negociação. Pergunte a ele: "O que deixei de considerar?" "O que você faria se estivesse cuidando desta questão?" "Existe algo mais que eu devesse expor?" O colega talvez forneça uma perspectiva diferente, que o leve a pensar em opções mais criativas.

Recapitule a sua lista

Quando achar que terminou, reveja a lista de opções e compare-as com os interesses identificados antes. Imagine se há maneiras de aperfeiçoá-la; é possível revê-la ou acrescentar algo para que as opções atendam melhor tanto aos seus objetivos quanto aos da outra parte?

Descubra critérios objetivos para avaliar a imparcialidade

A seguir, reflita sobre os padrões que podem ser aplicados à situação. Esses padrões, critérios ou parâmetros o ajudam a avaliar o que seria considerado imparcial aos olhos de alguém de fora da negociação. Eles podem ser diretrizes formais escritas; práticas habituais ou precedentes; ou a avaliação informal de algum terceiro.

Analise os critérios objetivos que você e a outra parte aplicariam para definir preços aceitáveis, volumes, condições de pagamento, garantias de qualidade, políticas de cancelamento ou outras condições estipuláveis no seu acordo. Qual o critério que pode lhe ajudar a escolher determinada opção em detrimento de outra?

Pesquise parâmetros capazes de legitimar seu eventual acordo. Você pode simplesmente buscar na internet, ou talvez precise comprar relatórios industriais, assistir a conferências ou fazer outras formas de pesquisa de mercado. Talvez exija certa investigação, mas é provável que você encontre algo que o ajude.

Numa negociação de vendas, por exemplo, você pode usar a informação pública disponível sobre o preço que outras empresas pagaram por produtos e serviços semelhantes. Numa negociação de aliança, na qual está se decidindo a quem pertence o direito de uma propriedade intelectual recém-criada, é possível pesquisar outros casos de alianças na sua área em que existam investimentos e riscos semelhantes. Para uma conversa sobre seu salário, procure dados sobre os vencimentos de outras pessoas com o mesmo nível de experiência que você e que trabalham no mesmo ramo e na mesma região. Se conseguir encontrar esses dados de fonte confiável, serão um parâmetro útil tanto para você quanto para seu gestor.

Se não conseguir encontrar, crie um processo para avaliar a justeza do problema em pauta, tal como pedir a uma terceira parte, não interessada, que examine o acordo. Se estiver negociando o preço da venda de parte de seu negócio, por exemplo, procure um investidor em quem você e o comprador confiem e peça-lhe que revise o acordo.

Alternativas: considere um plano B

Agora é o momento de pensar nas suas alternativas ou, ainda mais importante, no que você fará se não for possível chegar a um acordo com a outra parte. Volte para a sua lista de interesses e se pergunte o que mais poderia fazer para atendê-los caso não chegasse a um entendimento. Anote todas as possibilidades que lhe vierem à mente.

Por exemplo, se você e determinado fornecedor não conseguem chegar a um acordo, é possível procurar outro fornecedor. Você pode até manter o tal fornecedor, mas só se levar o problema a instâncias superiores, negociando com o chefe dele. Ou poderia esperar alguns meses e ver se o negócio melhora com o tempo.

Se numa negociação de aumento de salário você não conseguir um acordo que satisfaça seus leques de interesses, pode procurar outro emprego, passar a trabalhar como freelance ou – voltando àquele exemplo anterior – desistir do curso a distância, no fim das contas.

Pense em alternativas que você ou sua empresa possam dar conta sozinhos (fabricar você mesmo uma peça), além de outras que envolvam diferentes partes (buscar mais fornecedores). De qualquer forma, pesquise todas alternativas que você identificou: procure ofertas e compreenda os custos e benefícios de modo que seja capaz de perceber como cada alternativa reflete os seus interesses.

Fortaleça a sua melhor alternativa
Depois de listar cinco ou mais alternativas, indague a si mesmo qual delas satisfaz melhor seus interesses. Esta é a sua *melhor alternativa*, que vai estabelecer a norma para qualquer acordo: nunca concorde com qualquer opção que valha menos para você do que a melhor alternativa.

Agora se pergunte o que é possível fazer para tornar essa alternativa mais valiosa. Um exemplo simples: se você é um gerente que está estudando a revisão de um acordo com um vendedor de longa data, talvez conclua que a melhor alternativa é trocar de fornecedor. Você pesquisou e identificou alternativas potenciais e chegou a pedir ofertas. Se de fato percebeu isso como sua melhor alternativa, encontre uma maneira de melhorar essas ofertas. Você pode negociar o preço com um fornecedor, ou pedir que alguns dos seus engenheiros trabalhem com ele no aperfeiçoamento do produto.

Enfraqueça as alternativas da outra parte
Pense também nas alternativas da outra parte. Não é possível saber ao certo, mas faça algumas hipóteses. Talvez tenha ouvido dizer que estão trabalhando com outro fornecedor, ou supõe que têm outro candidato ao cargo nesse processo de seleção.

Avalie como você pode enfraquecer a melhor alternativa da outra parte. Você consegue mudar a crença da outra parte no grande poder dessa alternativa? É capaz de mostrar a ela que não é fácil mudar o fornecedor, demonstrando o custo da troca? Ou consegue demonstrar que vale mais do que outros candidatos ao cargo porque provavelmente ninguém conhece a organização tão bem?

Eis outro exemplo: ao se preparar para um acordo com um colega de outro departamento, você supõe que a melhor alternativa dele seja procurar seu chefe. Você pode se antecipar e explicar a situação ao seu chefe: "Só quero avisá-lo primeiro que você deve receber um telefonema. Faça o que achar melhor, mas eu preferia que você passasse a ligação para mim." Se seu chefe concordar, você eliminou a capacidade da outra parte de conseguir um acordo melhor, entregando o problema a alguém com um cargo mais alto na hierarquia.

Empenhe-se o máximo que puder

Ao preparar cada um desses quatro elementos, esforce-se bastante: não se dê por satisfeito com três ou quatro interesses, descubra sete ou oito. Revele todo um leque de critérios relevantes. Desenvolva opções, mesmo que à primeira vista elas pareçam loucas. Faça a si mesmo perguntas difíceis e, se for incapaz de fazê-lo, peça ajuda a alguém. Quanto maior for seu esforço e aprofundamento na preparação, mais poder terá na mesa de negociações.

Talvez você não consiga responder a todas essas perguntas na sua preparação. Se nunca interagiu com a outra parte, pode ser que não conheça seus interesses específicos nem tenha como encontrar uma maneira de descobri-los. Talvez você não consiga descobrir parâmetros relevantes. Tudo bem. Identificar essas lacunas enquanto se prepara é tão importante quanto identificar o que você sabe. As lacunas o ajudam a decidir por onde começar quando entrar na sala de reuniões. Você pode abrir a primeira reunião com perguntas sobre os interesses da outra parte, por exemplo, ou sondando a melhor alternativa dela.

Não pule etapas de sua preparação, mesmo que acredite ser altamente improvável você lançar mão da sua alternativa. Ainda que não a use, sua preparação o ajudará a tomar as decisões certas na negociação. Organize todos os elementos, utilizando as perguntas do quadro Perguntas a serem respondidas durante o preparo da negociação, no fim do capítulo, de modo que esteja pronto para enfrentar qualquer obstáculo que surja.

Preparando-se quando o tempo é pouco

Mesmo com pouco tempo para se preparar – foi obrigado a entrar numa discussão imediata, ou um cliente que liga em cima da hora – é importante considerar cada elemento cuidadosamente antes da negociação. Você precisará compreender, da maneira que der, o leque de soluções disponíveis para atender melhor aos seus interesses, mesmo que isso signifique procurar em outro lugar. Nesse caso, recapitule cada elemento e faça uma lista de tudo que o tempo permitir.

Por exemplo, Annie precisa contratar pessoal para um novo projeto estratégico e esbarra no corredor com um colega que poderia ajudá-la. Raj tem na equipe cinco pessoas alocadas em muitos projetos e Annie também. Infelizmente, Annie não vai conseguir terminar um de seus projetos no prazo sem a avaliação técnica de dois integrantes da equipe de Raj.

Annie acena para Raj e pergunta se eles podem conversar na semana seguinte sobre a possibilidade de ele emprestar pessoas de sua equipe para o projeto dela. Ele responde que, se ela puder esperar cinco minutos, ele terá todo o prazer de discutir a questão naquele mesmo dia.

Annie não esperava discutir aquele assunto de imediato, mas aproveita os cinco minutos para se preparar. Ela se pergunta o seguinte:

Quais são meus interesses?

- Elaborar bem e terminar o novo projeto estratégico no prazo.
- Assegurar que os outros projetos de minha equipe continuem caminhando.
- Não estourar o orçamento de contratação.

- Manter a equipe motivada.
- Resolver rapidamente o problema da necessidade de pessoal.

Quais poderiam ser os interesses de Raj?

- Assegurar que os projetos de sua equipe não saiam dos trilhos.
- Manter o controle sobre os recursos, de modo a planejar e ter a flexibilidade de ajustar os projetos de seu pessoal.
- Concluir alguns projetos atrasados da sua equipe.
- Evitar abrir um precedente com esse empréstimo de seu pessoal, principalmente para não ser prejudicado durante momentos de muito trabalho.

Quais as opções comuns criativas?

- Raj me empresta os dois técnicos de que preciso durante três semanas, e depois eu lhe empresto três pessoas para ajudá-lo a concluir os seus projetos atrasados.
- Os técnicos de Raj concordam em treinar e supervisionar alguns integrantes da minha equipe, o que faz com que eles pareçam heróis diante dos executivos da empresa.
- Nós dois juntamos nossos orçamentos limitados e contratamos o técnico de que ambos precisamos.
- Ele me empresta os técnicos, mas podendo chamá-los de volta a qualquer momento, mediante aviso prévio de dois dias.

- Levamos a questão aos nossos gerentes a fim de estender o prazo de um ou mais projetos do Raj, de modo a resolvermos juntos o meu novo projeto.

Quais os critérios persuasivos a serem aplicados?

- Exemplos anteriores do compartilhamento de recursos em tarefas conjuntas.

- A maneira como se determina o compartilhamento de recursos em relação a outros departamentos ou funções dentro da companhia.

- Quais são os projetos que nossos gerentes julgam mais importantes e que devem ser concluídos em curto prazo, considerando a relevância estratégica, oportunidades de geração de receita e o custo do atraso.

- Quanto da expertise técnica que julgo necessária costuma ser exigida em projetos semelhantes na empresa.

Quais são as minhas alternativas se não pudermos chegar a um acordo?

- Negociar com outra colega, que talvez tenha os mesmos recursos de avaliação técnica na equipe dela.

- Passar a questão para o chefe, para que ele me ajude a conseguir a expertise necessária ou recursos adicionais.

- Contratar alguém em meio expediente para treinar a minha equipe.

- Negociar o atraso deste projeto até que os técnicos de Raj fiquem livres.

Quais as alternativas de Raj, se não pudermos chegar a um acordo?

- Simplesmente dizer não e se concentrar em seus próprios projetos.

- Atrasar a decisão dizendo, "eu dou um retorno em poucos dias".

- Negociar com outros o compartilhamento de recursos que o ajudarão a colocar seus projetos de volta aos trilhos.

- Alocar seus técnicos nos projetos mais estratégicos, de modo que eu não possa argumentar com a administração, pedindo que me emprestem aquelas pessoas.

Ao fazer rapidamente essas perguntas, mesmo obtendo poucas respostas para cada uma, Annie está mais bem preparada para a negociação. Ela já sabe quais alternativas pode usar se ela e Raj tiverem dificuldade em chegar a um acordo, ainda que conte com pouco tempo.

Agora que você passou pelos quatro primeiros elementos do sucesso, vamos examinar os três seguintes: compromissos, comunicação e relacionamento.

PERGUNTAS A SEREM RESPONDIDAS DURANTE O PREPARO DA NEGOCIAÇÃO

Interesses:
- Quais são seus interesses e *por quê*?
- Quais poderiam ser os interesses da outra parte e *por quê*?
- Há terceiras partes cujos interesses precisam ser levados em consideração?
- Que interesses são compartilhados, quais são apenas diferentes e quais são conflitantes?

Opções:
- Faça uma lista de opções que atendam a diferentes combinações dos interesses de ambas as partes.
- Como elaborar essas opções para atender ainda melhor os seus interesses e os da outra parte?

Critérios:
- Que critérios externos seriam relevantes?
- Que parâmetros podem ser aplicados por uma terceira parte na avaliação da imparcialidade do acordo?
- Que outros critérios objetivos seriam relevantes para aplicar neste caso?

Alternativas:
- Como satisfazer seus interesses sem a outra parte?
- Como a outra parte poderia satisfazer os próprios interesses sem você?
- Como é possível melhorar suas alternativas?
- Como é possível enfraquecer as alternativas da outra parte?

Capítulo 4
Prepare o processo

Planeje como vai trabalhar e se comunicar com a outra parte

Depois de ter compreendido o conteúdo da negociação, já é hora de pensar no processo. Imagine que os interesses, as alternativas, as opções e os critérios que acabou de formular constituem o "o quê" da sua negociação. Agora, planeje o "como".

Compromissos: identifique as etapas e avalie quem detém a autoridade

Pense nos pequenos compromissos que cada parte assumirá no decorrer do processo e determine quem detém a autoridade para assumi-los. No fim, você terá um acordo representando o pacote completo que formulou. Porém, ao longo do caminho, você também deverá assumir compromissos mais modestos, e todos precisam ser viáveis. Dedique tempo a preparar como e quando esses compromissos serão honrados.

Identifique as várias etapas

Pense na negociação do início ao fim. Talvez ela se dê numa reunião, ou talvez sejam necessários muitos encontros. Calcule mais ou menos quantas sessões levará e identifique um objetivo menor ou um conjunto de objetivos menores para cada uma delas. Você precisará delinear seu plano para cada contato, mesmo no caso de negociações menores ou conversas rápidas no corredor.

Comece com o primeiro encontro que você idealizou. Qual é o seu objetivo, o que você deseja? Talvez você queira apenas estabelecer um relacionamento nesse primeiro contato, mostrando à outra parte que merece confiança e está se dedicando a encontrar uma solução em comum. Ou talvez queira sair dali com uma sólida compreensão dos interesses dela. Talvez deseje expor algumas opções, para que a outra parte as considere ou leve ao chefe.

Faça isso para as sessões seguintes também, identificando o que você deseja obter a cada passo. Quando imagina que conseguirá uma recomendação conjunta ao acordo? Quando deseja ter à mão o acordo firmado?

Em uma negociação simples, você pode se planejar para assumir os seguintes compromissos (e de pedir à outra parte que faça o mesmo):

Reunião 1. Criar um leque de opções para pensar

Reunião 2. Criar um esboço de acordo

Reunião 3. Chegar ao acordo final

Em uma negociação mais complexa, o teor dos compromissos pode ser assim:

Reunião 1. Concordar sobre quais são as questões principais e o prazo para resolvê-las

Reunião 2. Chegar a uma compreensão clara dos interesses implicados em cada questão-chave

Reunião 3. Criar um esquema do acordo e sessões de livre discussão para preenchê-lo

Reunião 4. Decidir as opções que devem ser revisadas internamente

Reunião 5. Definir os critérios a serem utilizados e aplicá-los para diminuir o número de opções para que cada uma possa ser revisada individualmente

Reunião 6. Concordar sobre um parecer conjunto para compartilhar com as partes interessadas

Há dois motivos principais para mapear etapas antecipadamente. Primeiro: ajuda a planejar cada sessão de modo adequado. Entrar numa reunião para definir questões a serem resolvidas requer um tipo de preparo diferente daquele necessário para entrar numa reunião a fim de elaborar um acordo completo. Segundo: identifica e determina as ocasiões para voltar às partes interessadas no decorrer da negociação, com o objetivo de obter colaboração ou aprovação, e a certeza da disponibilidade deles nesses determinados momentos.

Saiba quem possui a autoridade de assumir esses compromissos
Você e seu colega talvez estejam planejando discutir quais recursos cada equipe pode trazer para um novo projeto multifuncional. Mas, antes de se reunirem, pondere se algum de vocês tem autoridade para determinar de forma definitiva essas alocações – e, caso contrário, quem tem. Do mesmo modo, pense na autoridade da outra parte. De quem ela receberá autorização?

Se você precisa receber autorização de outras pessoas, lembre-se disso ao estabelecer etapas e inclua um tempo para voltar e consultar sua equipe. Do mesmo modo, se a outra parte tem menos autoridade do que você, é preciso se preparar para lhe dar tempo e os argumentos de que ela precisa a fim de obter a aprovação do acordo.

Por último, se você ainda não tiver informação suficiente sobre a outra parte para fazer essa avaliação, pergunte a ela quem é capaz de assumir esses compromissos.

Comunicação: planeje as mensagens e o processo

Ao se preparar para fazer contato com a outra parte, antes de dar início à negociação, reflita sobre o que você vai comunicar e como vai fazer isso. É preciso pensar nas mensagens que vai querer enviar, identificar quais informações são necessárias e criar uma pauta para enviar à outra parte.

Planeje as mensagens

Não importa se verbais – orais ou escritas – ou não verbais, as mensagens que você transmite durante a interação – e o modo como você o faz e quando – podem ter grande impacto sobre o rumo da negociação. Por isso é importante que você avalie criteriosamemte as mensagens que vai enviar e quais *não deve* mandar.

Primeiro, pense no que você deseja que a outra parte compreenda e como deve transmitir isso. Talvez você queira expressar o que leva a sério na negociação, seu desejo de ir depressa (ou devagar), o nível de autoridade que tem ou sua intenção de recuperar um relacionamento falido.

Veja este exemplo. Uma equipe de vendas trabalha há meses com um cliente potencial, e ela tem uma solução que acha que vai funcionar. A equipe precisa concordar com detalhes como preço e uma configuração exata do negócio. O grupo definiu as mensagens que deseja comunicar na sessão seguinte:

- Esta solução tem um enorme valor para o cliente.
- O cliente deveria se concentrar no custo total de adquirir o produto, não simplesmente no preço.
- O produto custa 4 milhões de dólares por unidade, mas cada máquina poupará ao cliente 2,5 milhões com o aumento de volume e a redução de defeitos.
- Existem outras configurações do produto que podem reduzir o preço.
- Considerando o que o cliente disse sobre o seu interesse em reduzir os custos, aumentar o volume e diminuir defeitos, a equipe acha que esta é a melhor solução para atender a suas necessidades.

Agora que sabe as mensagens que deseja transmitir, a equipe pode pensar na melhor maneira de comunicá-las. Deverá ser decidido quem da equipe dirá o quê, em que ordem e em que momentos da sessão seguinte.

Saiba de que informação você precisa
Tão importante quanto saber as mensagens que deseja transmitir é identificar o que quer saber da outra parte. É provável que haja furos na sua preparação – detalhes que você precisa confirmar a respeito dos interesses da outra parte, das alternativas e da autoridade dela, e assim por diante. Você também precisa saber como a outra parte enxerga você e sua equipe, como vê o relacionamento de vocês e qualquer história em comum no

passado. Elabore uma série de perguntas a fazer na sala de reuniões com a finalidade de descobrir alguma informação importante e testar quaisquer hipóteses.

No exemplo anterior, pelo fato de procurar compreender melhor os interesses do comprador e sua capacidade de assumir um compromisso, a equipe de vendas pode fazer perguntas do tipo: "Nós conversamos antes sobre o tempo inativo deste tipo de equipamento. Qual é o custo diário agora?" Ou: "Você disse que precisa convencer algumas pessoas na sua organização. Quem são e quais são os interesses delas?"

A equipe talvez prepare perguntas para obter feedback. Para manter a linha de comunicação aberta, é possível perguntar coisas como "Existem outros interesses a que esta solução não atende?" e "Nossos cálculos parecem certos? Caso contrário, o que falta?".

Esboce uma pauta

O último item de que você precisa é uma pauta para compartilhar com a outra parte. Use os marcos de tempo que você elaborou ao preparar os compromissos e as metas de cada sessão para esboçar a pauta. Esse plano provisório o ajudará a se comunicar com a outra parte sobre sua expectativa quanto ao rumo da negociação. Se você planeja desenvolver uma série de opções até o fim do primeiro encontro, por exemplo, esboce um esquema que inclua o levantamento dos interesses dela, compartilhando um pouco dos seus, e faça um brainstorming conjunto sobre as possíveis opções, reduzindo-as a poucas ideias, sujeitas a maiores considerações. Pense também em quem precisa comparecer à sessão. Você e a outra parte podem ser as únicas pessoas no recinto? É necessária a presença de alguém com experiência técnica, perspectiva ou nível de autoridade especial? Inclua os indivíduos adequados na lista de presença da sua pauta.

Relacionamento: planeje como vocês vão trabalhar juntos

Não importa se seu relacionamento com a outra parte é de longa ou curta duração – vale a pena investir nele. Isso cria um alicerce para o melhor desfecho possível da negociação.

Identifique lacunas no relacionamento

Comece avaliando o relacionamento tal como ele é: existe um relacionamento? Se houver, é baseado na confiança? Já envolveu a solução criativa de problemas em comum? E quanto a correr riscos? Você consegue lidar com diferenças? Já houve danos ao relacionamento que precisam ser remediados? Talvez você já tenha feito algo parecido quando questionou as próprias suposições sobre a negociação, mas dedique um momento a pensar sobre as pessoas com quem você vai interagir.

Em seguida, pense no relacionamento que deseja ter. Você quer aprofundar a confiança? Encorajar uma parceria? Exprimir emoções mais abertamente? Ou está contente com o relacionamento como ele é e deseja apenas preservá-lo?

Examine quaisquer lacunas entre a maneira como vê a situação presente e o ideal descrito por você. Primeiro, avalie o motivo da lacuna existente. O que provocou uma quebra de confiança ou falta de respeito? O que houve que transformou o relacionamento num mero contato de negócios? Por que vocês não podem resolver problemas em comum ou correr riscos? Por que você se sente incapaz de revelar suas emoções sobre a situação do acordo?

Tome providências quanto às lacunas

Em seguida, pergunte-se o que pode fazer para corrigir a situação. Por exemplo, talvez você tenha identificado que a falta de confiança demonstrada por algum cliente surgiu quando você quebrou um compromisso importante. Agora que negocia uma renovação de contrato, deve saber que precisa conversar logo sobre o que aconteceu, sobre a causa e como pode assegurar que não volte a acontecer.

Ou talvez você precise chegar a um acordo sobre o plano de compartilhamento de recursos com o gerente de uma sucursal da sua empresa no exterior, mas qualquer comunicação entre vocês – sem falar em negociações sobre questões delicadas – é difícil. Isso talvez se deva ao fato de vocês só se comunicarem por e-mails enviados tarde da noite e só terem se encontrado pessoalmente uma vez. Para esta negociação, você talvez decida visitá-lo, ou pelo menos fazer uma videoconferência. Reserve algum tempo, antes de mergulhar na negociação, para se conhecerem, conversarem sobre as pressões que cada um está sofrendo e talvez até para demonstrar solidariedade pelas horas extras que seu colega se viu obrigado a fazer.

Quando o relacionamento está falido
Se o seu relacionamento com a outra parte está realmente prejudicado, é preciso tomar outras medidas. Concentre-se em recuperá-lo antes de se ocupar com o conteúdo da negociação. Reserve um tempo para compreender a história das interações entre vocês no passado, compartilhe a sua própria versão e tente estabelecer compreensão mútua. Se a situação assim exigir, demonstre ativamente sua solidariedade ou planeje um pedido de desculpas. Se o problema for grave, é improvável que você solucione todas as dificuldades de relacionamento em apenas uma conversa, mas tente levar o relacionamento até o ponto em que vocês consigam negociar, sem a intervenção de fortes emoções. (Entraremos com mais detalhes sobre como remediar um relacionamento falido no Capítulo 6).

Quando o relacionamento está ameaçado
Por outro lado, você talvez esteja negociando com uma pessoa com quem tenha um ótimo relacionamento, mas a expectativa é

que não haja concordância quanto à questão a ser discutida e sua preocupação é de que este fato possa desgastar o relacionamento. Por exemplo, imagine que você é chefe de Recursos Humanos e um funcionário antigo e valioso solicita um horário mais flexível, algo que a sua empresa não aceita.

Não pense em responder logo de forma dura, explicando que norma é norma e se aplica a todos. Em vez disso, defina uma abordagem criativa e aberta, que crie um precedente para futuras trocas.

Eis onde a comunicação e os elementos do relacionamento se entrecruzam: envie a mensagem certa para preservar o relacionamento. Aqui estão exemplos de mensagens que você pode pensar em transmitir:

- Você é um funcionário de valor.

- Queremos tratá-lo de modo justo e respeitoso.

- Estamos abertos à criatividade.

- Esta é a nossa norma e eis o motivo.

- Eis como ela se compara com as políticas de flexibilidade de horários em outras empresas (inclusive pesquisando critérios).

Você também pode perguntar:

- "Qual é a importância de um horário flexível para você?" e "Como você usaria este tempo?" (Interesses.)

- "Quais são suas alternativas se não conseguirmos o que você deseja?" (Alternativas.)

- "Você tem outras ideias, além do horário mais flexível, de como poderíamos atender a seus interesses?" (Opções.)

Em vez de irritar o funcionário com uma negativa antes mesmo de ser possível debater a questão, você estabelece uma conversa respeitosa, demonstrando firmeza, mas sabendo ouvir – e também demonstra estar aberto a ser convencido, visando à criatividade.

Com um pouco de esforço, você encontrará uma solução: talvez mais férias; permitir que ele trabalhe em casa nas segundas e nas sextas; delegar parte do trabalho dele a outros funcionários ou ajudá-lo a encontrar opções de creche para os filhos.

No improvável caso de não se chegar a uma solução inteligente, pelo menos conservaram o relacionamento por conta da maneira como você abordou a questão.

Quando você ainda não tem um relacionamento
Às vezes, você está negociando com alguém que não conhece. Seu objetivo neste caso é conquistar a confiança e o respeito da outra parte. Pense em estabelecer uma conexão quando estiverem na mesa de negociações. Vocês têm algum conhecido ou interesse em comum? Para se preparar, pesquise o perfil da pessoa no Google ou no LinkedIn e identifique os pontos potenciais em comum. Lembre de situações parecidas e do que contribuiu para estabelecer a boa relação. Se você estiver vendendo um produto, planeje uma conversa sobre outros clientes que ficaram satisfeitos ou sobre determinado problema que você resolveu.

Enquanto pensa sobre o tipo de relacionamento que deseja ter (ou evitar) com a outra parte, certamente descobrirá mais detalhes a preparar quanto à comunicação – uma mensagem que deseja transmitir, uma informação de que precisa... Em relação à totalidade dos elementos, aborde-os repetidamente e volte aos anteriores quando necessário.

Antecipe as surpresas

A esta altura, recue um passo e se pergunte: o que talvez eu esteja ignorando? Quais as suposições equivocadas que estou fazendo? Estou muito confiante ou positivo? Estou sendo excessivamente negativo ou preocupado com a opinião dos outros? O que cogitei que não pudesse acontecer mas talvez aconteça? Recapitule e revise sua preparação, baseando-se nas respostas a essas perguntas.

Em seguida, examine que fatores externos podem alterar a negociação. Será que vai aparecer algum competidor com uma oferta mais atraente? Existe a possibilidade de o interlocutor ser afastado da negociação, obrigando-o a interagir com alguém completamente diferente? Será que alguém da outra empresa vai criar alguma resistência? Será que a empresa da outra parte será comprada? Haverá mudança nas regras, de modo a criar novos riscos e impor novos termos?

Planeje com antecedência como enfrentar esses riscos. Anote tudo que possa dar errado (ou diferente do esperado) e quais as ações que você pode empreender em cada cenário. É impossível eliminar as surpresas, mas é possível minimizar seu impacto.

Alguns negociadores cedem à tentação de mapear os passos táticos que darão a fim de fazer com que a negociação corra exatamente como planejaram. Mas, como costumava dizer meu mentor, Roger Fisher: "É melhor possuir o mapa do terreno a ter planejado um único caminho na mata." Esteja preparado, mas seja flexível. Você deseja liderar a negociação, mas aprendendo e ouvindo.

E, mais importante, esteja pronto e disposto a ser surpreendido, pois é provável que isso aconteça. Se você se preparar bem, com a certeza de ter respondido a todas as perguntas do quadro a seguir, você aprenderá com os imprevistos – um interesse inesperado, uma opção criativa, um critério convincente... E o que você aprender no processo pode fazer toda a diferença na negociação.

PERGUNTAS A SEREM RESPONDIDAS DURANTE O PREPARO DA NEGOCIAÇÃO

Compromissos:
- O que você deseja conseguir na sua primeira reunião?
- Você pretende obter compromissos de que nível até o fim da sessão seguinte?
- Que tipo de compromisso você deseja ter firmado depois que a questão for completamente resolvida?
- Você possui que tipo de autoridade para assumir compromissos?
- Que nível de autoridade possui a outra parte?

Comunicação:
- Qual é a melhor pauta para a próxima sessão?
- Que mensagens você deseja transmitir?
- O que quer saber da outra parte?
- Qual é a percepção que a outra parte tem de você e como você poderia mudar essa percepção?
- O que sua preparação revelou sobre os interesses que você precisa testar?
- Que outras perguntas você quer ter certeza de fazer à outra parte?

Relacionamento:
- Como está o relacionamento agora?
- Que tipo de relacionamento de trabalho você deseja estabelecer?
- Quais os motivos da lacuna no relacionamento? Como você pode diminuí-la?
- O que você deseja fazer – ou deixar de fazer – na próxima sessão para desenvolver esse tipo de relacionamento?

Capítulo 5
Faça contato com antecedência

Chegue a um acordo quanto ao processo e a quem participará dele

A etapa final dos preparativos para a negociação se resume a fazer contato com a outra parte. É preciso que você chegue a um acordo sobre o processo e o local da negociação, que conheça bem os atores, que ajude a outra parte a se preparar e que dê o tom de toda a negociação.

Chegue a um acordo quanto ao processo

Antes de enfrentar o conteúdo, explique à outra parte *como* você deseja negociar. Isso implicará algum tipo de conversa anterior à própria negociação. Negociar a negociação é algo importante e muitas vezes esquecido. As pessoas gostam de botar logo as mãos na massa e de pular qualquer discussão prévia. Mas, se você só descobrir no meio do caminho que discorda de questões fundamentais, ambas as partes ficarão frustradas.

Sua preparação ajudará as partes a responderem às perguntas a seguir. À medida que respondem, explique que você deseja trabalhar junto com a outra parte a fim de encontrar uma solução, que acredita na existência de soluções que farão vocês obterem o que desejam e que quer trabalhar utilizando sempre o enfoque da solução conjunta para os problemas.

- Quais as questões que precisamos discutir?
- Qual o processo que queremos utilizar?
- Quais as outras partes que precisamos incluir? Quando e como?
- Desejamos estabelecer regras básicas?
- Desejamos marcar um prazo final?
- Como resolveremos os conflitos?
- O que faremos se a negociação começar a fracassar?
- Existem maneiras específicas de nos prepararmos com antecedência? Que tópicos devemos preparar?

Na maioria das situações, essa atividade prévia à negociação se reduz apenas a algumas trocas de e-mails ou breves conversas. Às vezes, é tão simples quanto ligar para o colega e dizer que, antes do encontro na próxima semana para discutir o compartilhamento de recursos, você gostaria de saber quem vai participar da reunião e se há certas questões cruciais para as quais deve se preparar com antecedência. Ou, caso você vá se encontrar com seu chefe para reivindicar responsabilidades adicionais, talvez deva enviar-lhe a pauta provisória que preparou para o próximo encontro com ele e pedir feedback antes da reunião.

No entanto, em negociações complexas de alianças, negociações de vendas, compras ou aquisições, o processo inicial precisa ser mais consistente. Em casos assim, marque um "almoço de negociação" mais formal para discutir essas questões de modo mais detalhado, no decorrer de uma série de reuniões prévias à negociação.

Encare essas interações iniciais como oportunidades de influenciar o andamento da negociação, estabelecendo um tom de colaboração e criatividade desde o princípio. Nas nossas pesquisas com centenas de pessoas por um longo período, vimos que bem mais da metade prefere uma abordagem de negociação com base na maneira com que a outra parte negocia. Em vez de deixar sua negociação por conta do outro – que pode muito bem escolher uma abordagem ruim –, determine de comum acordo o modelo do processo antes que ele tenha início.

Escolha o momento e o lugar

Depois de ter escolhido como será o processo, eleja cuidadosamente a hora e o lugar da reunião. Essas questões podem parecer triviais, mas não são. Quando e onde você negocia têm grande influência sobre o desenrolar da negociação e, muitas vezes, sobre o desfecho.

Reflita sobre o contexto maior que envolve a discussão. O que aconteceu antes e o que acontecerá depois, tanto com você quanto com a outra parte? Você não deve entrar em negociação com seu chefe sobre o aumento do orçamento de viagens para a equipe de vendas, por exemplo, logo depois de ele voltar de uma reunião sobre controle de custos com o diretor financeiro. Preste atenção também ao momento certo de maneira mais ampla: o que está acontecendo naquele dia, naquela semana ou naquele trimestre que afeta a outra parte, sua empresa, todas as partes interessadas?

Pense também no local de encontro. Vocês vão se reunir na sede da empresa dele ou na sua? Se você vai ter uma conversa delicada com o chefe, não faz mais sentido tê-la a portas fechadas em vez de no corredor? Se precisa criar ou reatar um relacionamento, não será melhor que os primeiros encontros sejam em um lugar mais amigável do que uma sala de reuniões? Se existem barreiras culturais ou linguísticas, não seria melhor fazer uma videoconferência em vez de uma longa teleconferência, para que todos possam acompanhar gestos e expressões faciais? Se você sentir que o maior obstáculo para um acordo será convencer a outra parte do valor do seu produto, pense em fazer uma visita ao local de outro cliente seu e, em seguida, comece as negociações em um hotel próximo.

A escolha da hora e do lugar feita em comum com a outra parte pode moldar todo o processo de negociação. Pense nisso como uma mininegociação. Se você forçar determinada hora e lugar, a outra parte pode tentar reagir se comportando de maneira inflexível na negociação. Se você elabora sua logística como um esboço de plano, compartilha seu raciocínio e pede a opinião da outra parte, tem tudo para definir o tom correto da negociação e seguir em frente.

Identifique os participantes

É fácil supor que, como você está se reunindo com John, será com ele que vai negociar. No entanto, do mesmo modo que há várias pessoas da sua parte envolvidas e preocupadas com a negociação, o mesmo acontece com o outro lado. Além de John, há diversas pessoas que influenciam as opções dele, que têm algo a dizer sobre o que ele pode prometer e que podem alterar o rumo da negociação. Entenda quem são essas pessoas e como elas influenciam o interlocutor com quem você negocia.

FIGURA 5-1

PASSO A: MAPEIE AS PARTES E SUAS PREDISPOSIÇÕES

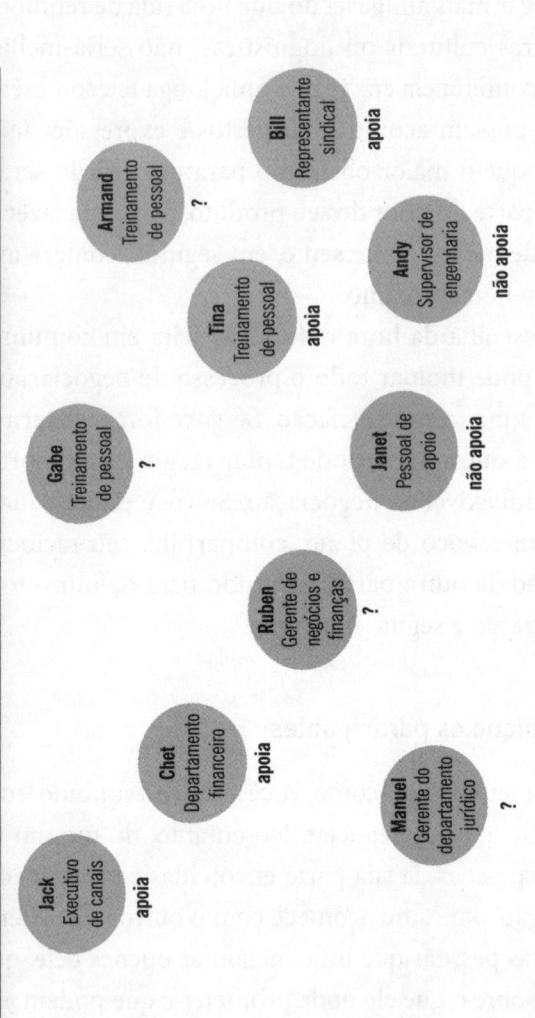

- **Bill** — Representante sindical — apoia
- **Armand** — Treinamento de pessoal — ?
- **Andy** — Supervisor de engenharia — não apoia
- **Tina** — Treinamento de pessoal — apoia
- **Gabe** — Treinamento de pessoal — ?
- **Janet** — Pessoal de apoio — não apoia
- **Ruben** — Gerente de negócios e finanças — ?
- **Chet** — Departamento financeiro — apoia
- **Manuel** — Gerente do departamento jurídico — ?
- **Jack** — Executivo de canais — apoia

PASSO B: MAPEIE OS RELACIONAMENTOS ENTRE AS PARTES

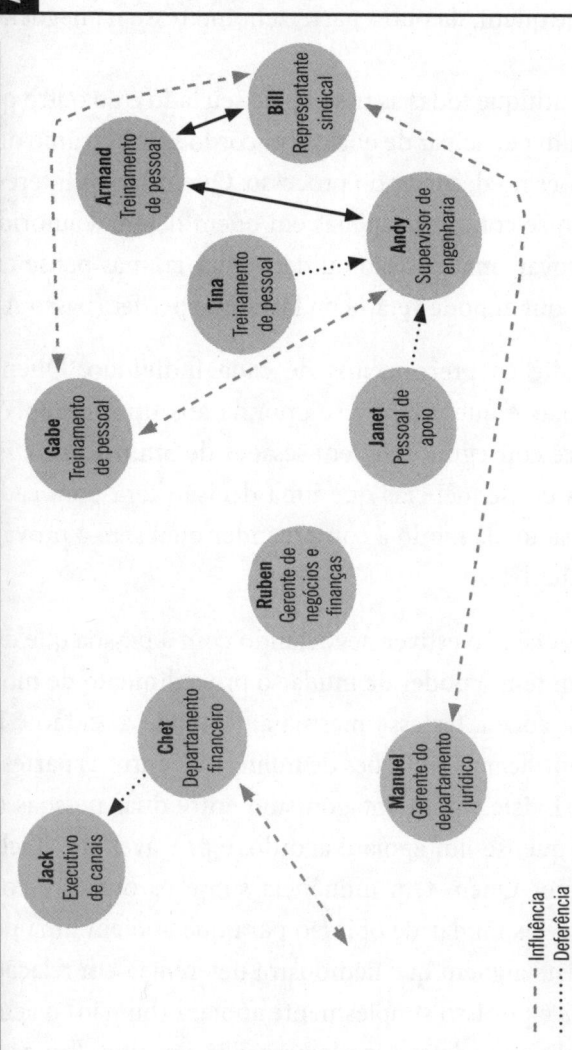

- **Jack** — Executivo de canais
- **Chet** — Departamento financeiro
- **Ruben** — Gerente de negócios e finanças
- **Manuel** — Gerente do departamento jurídico
- **Janet** — Pessoal de apoio
- **Gabe** — Treinamento de pessoal
- **Tina** — Treinamento de pessoal
- **Armand** — Treinamento de pessoal
- **Bill** — Representante sindical
- **Andy** — Supervisor de engenharia

- - - - Influência
- .... Deferência
- ——— Antagonismo

PASSO C: DETERMINE A MELHOR SEQUÊNCIA

1. Vá primeiro até:
- Jack
- Chet

2. Em seguida procure:
- Armand
- Bill
- Ruben
- Manuel

3. Depois, vá até:
- Gabe
- Andy
- Tina

4. Finalmente, procure:
- Janet

Copyright © 2001 Vantage Partners, LLC. Todos os direitos reservados.

Faça um mapa do relacionamento
Você esboçou um mapa desses relacionamentos na sua preparação, mas agora que está em contato com a outra parte, pergunte, indireta e diretamente, quem está envolvido na negociação. Complete o mapa feito, acrescentando todos os participantes, inclusive o pessoal da outra parte. A Figura 5-1 fornece uma indicação de quem, da outra parte, tem interesse na negociação:

1. Identifique todas as pessoas de seu lado e do outro que precisam participar de qualquer acordo sobre o rumo ou as decisões no decorrer do processo. Quem são os interessados? Não se concentre apenas em quem detém a autoridade de aprovar uma decisão ou de facilitá-la, mas pense também em quem pode vetá-la ou fazê-la se perder (passo A).

2. Avalie os preconceitos de cada indivíduo. Quem pode apoiar e quem talvez se oponha aos tipos de opções que você conseguiu criar em sessões de brainstorming? Pense nas consequências que uma decisão terá para cada interessado, de modo a compreender qual será a provável posição dele.

3. Se você não estiver negociando com a pessoa que decide – nem tem o poder de mudar o procedimento de modo que seja você a ter essa mesma autoridade –, então é preciso identificar as "relações de influência" entre as partes (passo B). Existe algum antagonismo entre duas pessoas de modo que, se Jim apoia o acordo, é provável que Rachel não apoie? Quem tem influência sobre os outros e consegue fazê-los mudar de opinião para que apoiem uma decisão? Existe alguém que demonstra deferência em relação a outros e por isso simplesmente apoiará (ou não) o acordo, se souber que determinada pessoa já o aceitou (ou não)?

Talvez você não consiga obter de seu interlocutor toda essa informação. Experimente outros caminhos: recapitule suas experiências passadas com a outra parte, consulte colegas que já trabalharam com ela e procure conhecidos mútuos que possam ajudar a esclarecer essas conexões.

Utilize o mapa para influenciar tomadores de decisão
Esse mapa o ajudará a obter adesão e criar apoio, especialmente quando você estiver se aproximando de um acordo. Eis três maneiras de utilizá-lo:

1. **Preencha as lacunas em sua influência.** Identifique os tomadores de decisão e influenciadores importantes da outra parte, com os quais você no momento não tem contato. Crie uma estratégia para se conectar a essas pessoas. Comece buscando gente que provavelmente apoia o acordo e que pode ajudar a influenciar setores-chave potencialmente contrários.

2. **Identifique relacionamentos antagônicos.** Determine se algum dos relacionamentos existentes pode ser prejudicial ao desfecho da negociação e crie estratégias para administrar esses riscos (você já fez isso um pouco no passo B). Descubra como atenuar qualquer dano que esses relacionamentos negativos possam causar. Estabelecer as bases para convencer um influenciador importante pode levar tempo, mas aumentará as chances de conquistá-lo para a sua causa.

3. **Determine uma sequência de passos para obter adesões.** Pense no caminho mais eficiente para obter adesões à decisão final, talvez concentrando seu esforço em cooptar aqueles cujo apoio levaria outros a segui-los. Se você

não consegue receber atenção de uma parte fundamental ou levará três semanas para marcar uma reunião, obtenha ajuda daqueles que têm acesso a essa pessoa.

Como auxiliar a outra parte a se preparar

Ao iniciar as conversas com a outra parte, ajude-a a pensar na maneira de se preparar. Isso vai encorajá-la a colaborar. Além do mais, as negociações correm com mais facilidade se ambas as partes estiverem preparadas. Essa pode parecer uma ideia radical (você está ajudando o outro lado!), mas, veja bem: se a outra parte não souber quais são seus interesses ou estiver insegura quanto à sua melhor alternativa, você pode estar em vantagem, porém a negociação será lenta e trabalhosa enquanto ela esclarece o que deseja.

Não demonstre a totalidade de sua preparação, mas faça perguntas antes da primeira reunião, por e-mail ou pessoalmente, que possam estimular a outra parte a analisar os Sete Elementos por conta própria. É muito melhor se ambas já vierem com essas informações.

Dê o tom certo

Como frisei no decorrer deste capítulo, as primeiras interações constituem sua chance de dar o tom certo à negociação. Pense nas mensagens que você definiu no seu trabalho preparatório enquanto avalia como transmiti-las.

Você pode comunicar algumas das mensagens mais delicadas sobre o processo (por exemplo, "quero trabalhar de modo cooperativo") se chegar a um acordo sobre a hora e o lugar, e perguntar então quem mais está envolvido, ajudando seu interlocutor a se preparar. As mensagens sobre o conteúdo da negociação exigem comunicações à parte. Se as mensagens que você quer transmitir forem especialmente sutis e complexas, converse em particular.

Independentemente da forma que você escolheu para se comunicar, faça-o de maneira consciente para não transmitir uma mensagem errada por acidente. Por exemplo, se quiser deixar a outra parte desconfiada, compartilhe o fato de que recebeu três boas ofertas de trabalho e que precisa decidir até segunda-feira. Mas, se você realmente quer transmitir que gosta da sua função porém está interessado num pacote melhor de compensações, deixe isso claro. Nenhuma das abordagens está errada, mas você precisa saber qual tom escolher.

Depois de ter concordado sobre a logística e identificado as partes relevantes, você está pronto para encarar a negociação em si. Na próxima seção, explicarei como pôr em prática toda a sua preparação quando você entrar naquela sala.

Seção 2
Na sala de negociações

O poder vem de negociar com disciplina

Quando os interesses e as preocupações de cada uma das partes são diferentes na negociação, cada uma coloca uma proposta na mesa; em seguida, começam a regatear concessões entre essas duas propostas iniciais. Isso leva a desfechos arbitrários, muitas vezes baseados em mínimos denominadores comuns, e quase sempre arruinam relacionamentos. E, mais importante, perde-se valor.

Porém, com a abordagem do círculo de valor, a negociação não precisa ser tudo ou nada. Usamos a imagem do *círculo* porque, em vez de um pingue-pongue entre você e a outra parte, com o círculo você cria um espaço para explorar criativamente interesses, opções e critérios. Com esse método, você desenvolve – e distribui – valor em comum e trabalha para alcançar um acordo que beneficie ambos os lados.

Esta seção vai auxiliá-lo a ter uma abordagem mais disciplinada ao discutir. Você aprenderá a:

- usar a comunicação e os relacionamentos para entrar no círculo de valor;

- maximizar seu tempo no círculo explorando interesses, tendo discussões criativas sobre opções e concordando com critério justos;

- fazer uma boa escolha, avaliando suas alternativas e firmando compromissos ponderados.

No próximo capítulo, vou me concentrar em como se comunicar e criar um relacionamento com a outra parte. Depois, nos dois capítulos seguintes, explicarei como e quando empregar os outros elementos. Por fim, terminarei esta seção com sugestões sobre como adaptar continuamente sua abordagem no decorrer da negociação, de modo que você possa reagir a qualquer questão que surja.

Capítulo 6
Comece a negociação

Defina como vocês vão trabalhar juntos

Negociadores iniciantes muitas vezes se perguntam se devem começar a conversa na primeira reunião. Quem deve tomar a iniciativa? Nós ou eles?

Na negociação, a maioria das pessoas escolhe a abordagem de esperar para ver a conduta da outra parte, ou seja, esperar para ver a atuação dos interlocutores e depois seguir o exemplo. Em vez de ficar confortavelmente sentado à espera que a outra parte dê o primeiro passo, tome a iniciativa.

Mas, digamos que seu interlocutor já tenha tomado a iniciativa, porém o fez de uma maneira que você não considera útil. Não há então necessidade de segui-lo. Se ele começa a conversa firmando uma posição ou fazendo uma ameaça sutil, respire fundo e ignore-a. Explique que você prefere trabalhar de outro modo, desenvolvendo – e distribuindo – valor de forma colaborativa, trabalhando para alcançar um acordo que beneficie ambos os lados.

Então, qual deve ser sua primeira jogada?

Em vez de apresentar uma opção ou uma exigência e ficar esperando pela reação da outra parte, comece por determinar *como* vocês vão trabalhar juntos, evocando os elementos de comunicação e relacionamento. Você se concentrará neles durante toda a negociação, no entanto são especialmente úteis como ponto de partida.

Crie uma comunicação eficaz

Utilize essa primeira experiência juntos para estabelecer como será a interação no decorrer da negociação. Você preparou a base para isso nas interações preparatórias com o seu interlocutor, mas, agora que estão frente a frente na sala, mostre a ele como vai trabalhar durante o tempo que passarão juntos:

1. Use suas habilidades para fazer perguntas e ouvir a outra parte a fim de aprender o máximo possível e demonstrar compreensão.

2. Torne sua mensagem bem clara, confirme se está sendo compreendido e elimine quaisquer obstáculos para o entendimento.

Faça perguntas e ouça

Durante a abertura da negociação, destaque o que você preparou: recapitule a pauta e discuta os objetivos desejáveis para o encontro e o que você espera obter no final dele. Ao começar, faça perguntas pertinentes e demonstre que está de fato ouvindo o outro.

Digamos que você comece a questioná-lo sobre os interesses dele. Você pode fazer isso diretamente dizendo algo como: "Com base nas conversas prévias, parece que o importante para você é reduzir os custos como um todo, melhorar a qualidade e diminuir o tempo ocioso. Compreendi corrretametе? Estou esquecendo alguma coisa?"

Em seguida, ouça com cuidado o que ele revela (e perceba o que ele não diz). Resuma os pontos que ele transmitiu. As pessoas gostam de saber que foram ouvidas. Verifique se você entendeu direito, de modo a obter a informação certa e fazê-lo sentir que conseguiu comunicar o ponto de vista dele.

Enquanto ouve, evite reagir às revelações ("Ah, é impossível que isso seja tão importante assim para você" ou "Olha, eu quero exatamente o contrário"). Em vez disso, assimile e aproveite a informação. Você pode dizer algo do tipo: "Você realmente acha importante quitar as dívidas e receber um treinamento melhor? Entendi. A gente precisa pensar numa solução que satisfaça esses interesses *e* alguns meus. Existem outros interesses que ainda não revelou?"

Torne claras as suas mensagens

Dê um bom exemplo, compartilhando informação; isso ajudará muito a manter abertas as linhas de comunicação. Sempre que você sugerir alguma opção ou fornecer algum parâmetro, compartilhe seu raciocínio. Mas não faça discursos. Ser breve é importante. Compartilhe suas ideias por partes, de modo compreensível, dando tempo ao interlocutor de absorvê-las e fazer perguntas. Por exemplo, se você disser muitas coisas de uma vez, o belo ponto que você frisou sobre a necessidade de usarem um critério que possa convencer seu chefe se perderá.

Se você se flagrar fazendo minidiscursos, pare e se atenha a perguntas. Avalie se foi compreendido. Estimule uma resposta. Veja se a outra parte teve novas ideias provocadas pelo que você acabou de compartilhar.

Cuidado com as situações de incompreensão entre vocês. Se perceber que você encara as coisas de modo diferente (discorda, por exemplo, da validade de algum critério), reduza seu ritmo e investigue a questão em conjunto. Em vez de discutir quem tem ou não razão, compartilhe o raciocínio por trás de sua perspectiva e pergunte qual é o raciocínio do seu interlocutor. Vocês talvez não concordem plenamente, mas, se chegarem a um acordo sobre o motivo das discordâncias, isso permitirá o avanço da negociação.

Certifique-se de que você está participando de uma conversa, não de um debate. Quanto mais seu interlocutor sentir que é ouvido, mais sensível ficará à persuasão. Se você chegar ao ponto de conseguir articular a perspectiva dele tão bem (ou melhor) do que ele mesmo, então está no caminho certo.

Continue a utilizar essas técnicas de saber ouvir e fazer perguntas durante toda a negociação.

Estabeleça um relacionamento de trabalho

O início da negociação também é o momento certo de se concentrar no seu relacionamento, separando-o do conteúdo que está sendo discutido na negociação. Nós chamamos isso de *negociar em duas vias*.

Negocie em duas vias

Muitas vezes as pessoas pensam que é preciso fazer concessões ou esquecer seus interesses para preservar "o relacionamento". Já ouvimos pessoas dizerem:

- "Olha, eu realmente gosto da minha chefe, mas se eu agir como se considerasse meu salário ruim, ela pode se sentir desrespeitada. Por isso vou simplesmente abandonar a ideia de um bônus."

- "Esta empresa é meu maior cliente e eles estão me pedindo apenas mais três semanas de trabalho, então não vou fazer barulho reclamando que isto é algo fora de qualquer critério e exigir pagamento adicional."

- "Meu cliente disse que deseja que, desta vez, a parceria funcione melhor do que antes, porque perdeu a confiança em nós pela maneira como reagimos à interrupção de seis meses atrás. Ele agora está pedindo um desconto de 15% na renovação do contrato, para demonstrar que lhe damos valor. Isso me parece uma concessão pequena para preservar esse contrato de meio milhão de dólares."

Ceder na tentativa de agradar à outra parte é um erro. Você não só cede mais do que deve, como também não melhora o relacionamento. Tampouco obterá dessa forma o resultado que acredita estar "comprando". Além do mais, você provavelmente piora a situação: apaziguar a outra parte estimula esse comportamento – é provável que você acabe deparando com a mesma situação muitas outras vezes. E o mais importante é que você não está enfrentando as questões em jogo nem as circunstâncias que estremeceram o relacionamento.

Para negociar em duas vias, faça o seguinte:

- **Encare o relacionamento.** Pode parecer mais fácil esquecer as questões de relacionamento, mas não é. Se na sua preparação você levantou quaisquer preocupações ou se é o seu parceiro que está preocupado, nomeie e diagnostique as inquietações comuns e busque possíveis soluções. Um relacionamento tenso dificultará o enfrentamento de termos específicos, condições, preços e assim por diante.

- **Separe as questões de relacionamento das de conteúdo da negociação.** Se a outra parte diz: "Se você fosse um bom parceiro, concordaria com o meu plano" ou utiliza o relacionamento de vocês para pedir um desconto especial ou alguma informação privilegiada, não se deixe levar. Em vez disso, crie ativamente uma segunda via para a conversa. Diga algo como: "Se você acha que não estou sendo um bom parceiro, vamos conversar sobre isso. Eu gostaria de saber o que você considera uma boa parceria, o que eu não estou fazendo e o que ambos podemos fazer juntos para melhorá-la. Agora, se você quiser discutir o plano, o preço ou os protocolos de compartilhamento de informação, então é diferente – a gente deve investigá-los por seus próprios méritos, discutindo interesses, opções e critérios. Qual dessas duas questões você quer encarar primeiro?"

- **Trabalhe incondicionalmente para que o relacionamento se fortaleça.** A despeito de haver ou não problemas no relacionamento, sempre trabalhe para fortalecê-lo. Desde o início, crie as condições para uma abordagem cooperativa, sendo respeitoso, bem preparado e estando pronto para ouvir. Seja sempre confiável nas interações. Não se preocupe se seu interlocutor é confiável ou se retribui o respeito, e não espere que ele tome a iniciativa; simplesmente faça isso de maneira incondicional. Do mesmo modo, se no início seu interlocutor faz algo que prejudica o relacionamento, não adote uma postura vingativa – continue a trabalhar a fim de fortalecer a relação. Meus ex-colegas Roger Fisher e Scott Brown foram os primeiros a falar sobre isso no livro *Getting Together: Building Relationships as We Negotiate* (Reunindo as pessoas: construindo relacionamentos enquanto negociamos), no qual explicam que, em vez de reagir do mesmo modo, você deve sempre ter em mente o objetivo do sucesso na negociação e adotar uma estratégia "incondicionalmente construtiva" para construir o bom relacionamento com seu interlocutor.

Negociar em duas vias é especialmente importante se você está tentando recuperar uma relação já prejudicada (veja o quadro na página seguinte).

Se você tem um bom relacionamento e teme que seu pedido – de aumento, recursos adicionais ou desconto – vá ameaçá-lo, pode usar o mesmo enfoque. Aborde o problema respeitosamente, com uma postura aberta a pensar e a resolver a questão em conjunto. Seja sincero sobre o fator relacionamento: "Tenho um enorme respeito por você e não quero comprometer nossa relação, no entanto tenho um pedido que acho importante. Eu adoraria discutir essa minha solicitação por seus próprios méritos, de maneira respeitosa e criativa." Se você começa a conversar e percebe, pelas reações do interlocutor, que ele de fato sente que o relacionamento está ameaçado, essa é a hora de levar a conversa para uma via única e encarar quaisquer sentimentos de mágoa ou falta de respeito.

De modo geral, a meta deve ser negociar com base nos méritos do acordo, em vez de fazer concessões ou oferecer descontos para tentar gerar entendimento ou confiança.

Abrir as linhas de comunicação e estabelecer uma relação de trabalho produtiva permitem que você ingresse no círculo de valor, para então trabalhar em conjunto e encontrar uma solução negociada. Continue a aplicar durante toda a negociação essas abordagens sobre comunicação e relacionamento aprendidas neste capítulo.

NEGOCIANDO EM DUAS VIAS: UM EXEMPLO

Meus colegas e eu trabalhamos com uma empresa de terceirização de TI, cujo contrato de sete anos com um cliente estava chegando ao fim. O cliente queria renovar o contrato, mas a gerência deles ainda estava preocupada com uma interrupção no serviço que ocorrera alguns anos antes. Eles frisaram que nossa empresa demorou quatro dias para reagir, e que a falha acabou custando a eles vários milhões de dólares. A confiança havia sido abalada e o cliente exigiu, por conta do relacionamento, um desconto de 20% sobre o que seria um negócio de muitas centenas de milhões de dólares.

Nossa empresa ficou tentada a conceder o desconto – talvez não os 20%, mas algo perto disso –, porém sabíamos que isso não iria resolver o verdadeiro problema: o cliente continuaria a desconfiar que a nossa empresa talvez não reagisse a tempo, pois os problemas que causaram a quebra de confiança não haviam sido de fato abordados. Então, em vez disso, a empresa precisava desdobrar o problema, lidando primeiro com o relacionamento e depois com o preço da renovação do contrato, em separado.

A empresa de TI reconheceu perante o cliente que não tinha lidado de modo eficaz com o problema da interrupção e que compreendia que esse fato provocara desconfiança e danos ao relacionamento. Frisou também que, embora estivesse muito aberta a discutir o preço do novo contrato, achava que se tratava de dois problemas não relacionados que deviam ser discutidos em separado.

A partir da conversa que se seguiu, a empresa trabalhou com o cliente na elaboração de um novo conjunto de procedimentos, a fim de assegurar que esse tipo de interrupção não ocorresse de novo e que ela lidaria com qualquer outro problema de modo rápido, sempre em contato estreito com a equipe do cliente e seu diretor de tecnologia. Ela também calculou o verdadeiro custo da interrupção para o cliente e concordou em cobrir esse prejuízo como parte do acordo que estava sendo negociado. A partir daí, eles foram capazes de utilizar os parâmetros do setor para estabelecer o preço do novo contrato. Assim, a empresa se saiu muito melhor do que se houvesse aberto mão, desnecessariamente, de milhões de dólares em descontos e ignorado as questões que haviam provocado o problema desde o início.

Capítulo 7
Crie e refine suas opções

Aproveite ao máximo o tempo juntos

Depois que você estabeleceu linhas de comunicação e construiu (ou reconstruiu) o relacionamento, comece a discutir o conteúdo de sua negociação.

À medida que se aprofundar no círculo de valor, você continuará a testar as suas hipóteses e a receber mais informação sobre os possíveis interesses da outra parte. Atualize constantemente a Ferramenta dos Sete Elementos que você preencheu antes. Não importa se o fizer de cabeça, no meio da negociação, ou se atualizar o documento entre sessões. Certifique-se de registrar o que você aprendeu ao longo do caminho.

Destaque os interesses

Ao se preparar, você listou o que acreditava serem os interesses da outra parte. Agora é hora de esclarecer, confirmar, negar e fazer acréscimos a eles, além de escolher quais interesses seus deverá comunicar.

Essa etapa do processo requer cuidadosa consideração e disciplina. Não se esqueça de usar as táticas aprendidas no capítulo anterior sobre como lidar com as comunicações durante a negociação: fazer perguntas a seu interlocutor e ouvir ativamente, além de tornar bem claras as suas mensagens.

Descubra os interesses da outra parte

Para começar a entender os interesses da outra parte, pergunte quais são eles. "Quais são seus objetivos, metas e preocupações fundamentais sobre os assuntos que estamos discutindo?" Ou então tome a iniciativa e teste suas hipóteses sobre os interesses da outra parte, preenchendo as lacunas. Transmita ao seu interlocutor aquilo que, ao se preparar, você suspeitava que fossem os interesses dele e pergunte onde errou, o que acertou e, sobretudo, quais interesses não conseguiu detectar.

É possível, até mesmo provável, que seu interlocutor inicie as respostas a essas perguntas assumindo uma posição: "Quero uma garantia de pagarmos 5% menos do que os outros clientes e quero, de quebra, dois engenheiros para treinar meu pessoal durante três meses." Não reaja. Em vez disso, continue a sondar interesses. Pergunte "Por quê?", "Qual o propósito?" ou "O que você está tentando obter?". Aprofunde mais a questão para descobrir o motivo dessa postura.

Ouça com cuidado, porque seu interlocutor raramente se abrirá para dizer quais são esses interesses: é provável que você tenha de fazer várias perguntas, sondar profundamente e até ler nas entrelinhas. Quando ouvir algo que aparente ser um interesse, verifique. "Acho que você disse que é de grande importância ser capaz de defender o preço diante de sua diretoria executiva. Será que compreendi bem?" Acrescentar "O que eu ainda não entendi?" também ajuda, porque mantém a conversa viva e você pode obter mais informações.

Se você tiver problema em extrair os interesses da outra parte, sugira possíveis opções e peça que as critiquem. Perguntar "O que estaria errado com isso?" pode ajudá-lo a obter os interesses que não estão sendo comunicados claramente: "Eu sei que essa é uma ideia louca e, na verdade, não estou propondo-a, mas se aumentássemos os preços em 20% e cortássemos nosso apoio pela metade? O que estaria errado neste caso?" Muitas vezes seu interlocutor acha mais fácil frisar o que está errado numa solução em potencial do que afirmar seus interesses de modo direto. (A maioria das pessoas adora criticar uma ideia à menor oportunidade. Tire vantagem disso.) Em seguida, deduza os interesses embutidos na explicação dele: "Eu jamais faria isso! Se fizesse, não seria capaz de financiar um projeto importante de pesquisa e desenvolvimento; teria de demitir gente; daria impressão de ser um péssimo negociador e talvez perdesse meu emprego; precisaria dedicar tempo extra para fornecer apoio ao nosso pessoal, quando deveria estar criando novas parcerias; e também não há como justificar isso para o meu novo chefe."

Não fique na defensiva se seu interlocutor reagir negativamente; afinal, você apresentou a proposta como uma "ideia louca". Pelo contrário, ouça com cuidado: você acabou de descobrir uma mina de ouro de interesses. Seu trabalho aqui não é demonstrar que você tem "razão"; ao contrário, é conseguir que seu interlocutor esclareça onde você errou, para que possa compreender os interesses dele de modo mais completo e exato.

Continue pressionando para obter respostas. Pressione para extrair críticas. Escute os interesses embutidos. Faça um teste para verificar se o que você está ouvindo são de fato interesses dele. Não exagere ao ponto de frustrá-lo, mas pressione, ouça e teste construtivamente. Quanto mais interesses você descobrir, mais fácil será formular opções criativas depois.

Revele os seus interesses – com cautela

Também é importante que seu interlocutor compreenda a motivação por trás dos *seus* interesses. Compartilhar seus interesses pode estimulá-lo a reagir da mesma forma. Mas a essa altura use de perspicácia para saber que interesses você vai compartilhar. Embora seu interlocutor possa já saber ou suspeitar de alguns deles, há outros que ele poderia usar contra você.

Por exemplo, digamos que um representante de vendas diga: "Vou revelar alguns dos meus objetivos nesta negociação. Preciso encontrar uma maneira de cobrir o preço crescente da matéria-prima, obter o tipo de lucro que nos permita investir no desenvolvimento de novos produtos e administrar melhor o estoque, pois os custos de armazenamento estão ficando imprevisíveis." Ele não demonstrou apenas que precisava cobrar um preço alto – também revelou o que estava tentando obter com esse preço.

Mas o representante possui outros interesses que ele optou por não revelar: na verdade precisa de um referencial concreto para usar em relação a outras contas e quer obter um bom preço para servir de precedente quando for vender esse novo produto a outro cliente. Talvez compartilhe esse dado mais tarde na negociação, mas agora no início está preocupado (com razão) que seu interlocutor possa usar esses interesses contra ele: "Ah, nós ficaríamos contentes de poder servir como referência aos outros clientes... mas por um desconto de 15%."

Há também informação que ele nunca compartilharia: o fato de que sem essa venda ele não vai cumprir a meta quinzenal e que ele já tentou convencer todos os clientes importantes a adotarem esse novo produto. Ambas as declarações mostrariam como as alternativas dele são fracas.

O mais comum é não querer colocar todos os seus interesses na mesa, pelo menos não no começo – mas revelar o suficiente para que seu interlocutor siga o exemplo.

Registre os dois conjuntos de interesses
Empenhe-se e descubra tantos interesses quanto possível. Durante a negociação, faça uma lista de seus interesses numa folha de papel, na tela do computador ou num quadro, para que você possa consultá-los quando criar opções nas sessões de brainstorming. Não se preocupe; você voltará a esse processo, então terá chance de ajustar ou fazer acréscimos posteriores à lista de interesses.

Faça sessões conjuntas de brainstorming com as opções possíveis

Depois que os interesses de ambas as partes estiverem expostos, imagine soluções que possam satisfazer todos ou a maioria deles. Os resultados dessa discussão são melhores quando ela é feita em duas etapas: primeiro crie ideias, depois avalie-as e refine-as.

Gere opções
Antes de começar, diga a seu interlocutor que você gostaria de usar uma modalidade de solução em comum dos problemas e de brainstorming conjunto para levantar possibilidades, sem fazer julgamentos. Consulte os interesses que você havia registrado antes e se pergunte o que poderia ser feito para resolver cada um, ou melhor, uma combinação deles. Acrescente quaisquer opções que tenha descoberto na preparação e que ainda sejam relevantes em relação aos interesses discutidos por vocês.

Envolva a outra parte de modo que ela também crie possibilidades. Vendedores experientes nos dizem que, depois de todos os interesses terem sido expostos, eles revelam algumas opções. O cliente escolhe uma delas e depois eles prosseguem dali. Tudo bem, mas seria melhor fazer com que o cliente também oferecesse soluções e ambas as partes criassem, em conjunto, soluções ainda melhores. Quando vocês têm ideias juntos, é mais fácil chegar a um acordo depois porque há mais opções para escolher e ambos se sentirão donos delas. Concentre-se em gerar *possibilidades*, sem avaliá-las, e certamente sem eliminá-las. A palavra *possibilidades* é importante por três motivos:

- Primeiro, a essa altura quaisquer opções que as duas partes descubram juntas são apenas possibilidades, não propostas ou compromissos. Esclareça que seu interlocutor e você devem ter total liberdade para produzir ideias, mesmo que não possam se comprometer com elas. Suas opções também não precisam ser formuladas por completo; se você quiser sugerir algo sem atribuir valor concreto, não há problema em deixar essa parte em branco, por enquanto.

- Segundo, as opções devem ser possíveis. Você não precisa passar um tempo enorme pensando se elas são melhores do que a sua melhor alternativa ou se são compatíveis com critérios de imparcialidade. Ou seja, as opções devem ser possíveis, mas não precisam ser boas, a essa altura.

- Terceiro, o plural é muito importante: invente mais de uma opção. Se você produzir só uma possibilidade, ainda que criativa, ela talvez seja entendida como uma proposta, em vez de uma entre muitas opções. Produzir muitas opções de uma só vez estimula seu interlocutor a criar em cima de suas ideias e evita um pingue-pongue improdutivo. Oferecer três ou quatro possibilidades aumenta suas chances de buscar em conjunto uma solução que atenda aos interesses de ambos.

Enquanto cria opções, você também pode descobrir novos interesses – seus e da outra parte. Se um de vocês surgir com alguma opção que pareça estranha, pense nela, porque talvez faça sentido e reflita algum interesse que você ainda não havia identificado. O movimento de vaivém entre opções e interesses é um bom sinal, significa que vocês estão abertos à natureza dinâmica do processo.

Depois de gerar tantas opções quanto possível, volte para a lista de interesses e verifique se você tem uma opção que atenda a cada um deles.

Prepare-se para esperar algum tempo pelo desenrolar desse processo, que pode levar várias sessões. Para ver como essa atividade de gerar opções acontece na vida real, veja o quadro abaixo.

GERANDO OPÇÕES: UM EXEMPLO

Imagine que você e seu colega estejam negociando como alocar um orçamento limitado para o próximo ano. Você diz: "Podíamos dividir meio a meio." Nenhum de vocês ficou satisfeito, então você faz outra oferta: "Ou então eu poderia ficar com mais e compensá-lo com o empréstimo de alguns recursos de que você precisa; ou – espere aí – me veio essa ideia maluca: a gente podia negociar com o Pablo que congelasse um dos projetos deste ano e nos repassasse parte de seu orçamento."

O seu colega pensa por um instante e depois acrescenta: "Olha, talvez essa ideia não seja tão maluca assim. Nós podíamos também pensar em abandonar um projeto nosso e dar ao outro o respectivo orçamento. Ou, como você diz que um dos motivos principais de precisar de mais orçamento para este ano é investir naquele novo mercado que você está buscando, eu talvez possa ajudar, pois nós já começamos a explorar esse mercado."

Isso faz sentido, por isso você elabora outras ideias: "Se fôssemos juntos discutir isso com o nosso chefe e disséssemos 'Se não recebermos mais recursos, um de nós terá de abandonar um projeto', teríamos mais força do que se fôssemos sozinhos. E eu esqueci que você já tem uma pequena equipe fazendo um trabalho sobre esse mercado. Será que podemos utilizar parte de sua equipe para fazer pesquisas para nós?"

"Não estou pronto para me comprometer com isso", responde ele, "mas a gente pode trabalhar com você em meio expediente ou apresentá-lo a algumas pessoas com quem estamos começando a negociar no mercado."

Pelo fato de você e seu interlocutor se compreenderem mutuamente e não terem medo de sugerir ideias "malucas", vocês foram capazes de criar um plano que não só funciona como também é capaz de poupar dinheiro da empresa. Se tivessem chegado a um acordo sobre a primeira opção – uma divisão meio a meio do orçamento – e perdido tempo brigando sobre percentagem, não teriam percebido que essas outras oportunidades estavam disponíveis.

Avalie e refine suas opções

Ao sentirem que realmente se esgotaram as opções que vocês podem elaborar, depois de voltarem para as respectivas listas de interesses para tentar ter novas ideias, limite sua lista de brainstorming. Se existirem opções óbvias que não atendam bem aos seus interesses ou aos de seu colega, agora é a hora de descartá-las.

Por exemplo, você e seu interlocutor elaboraram várias opções de preços e pagamento para um projeto, e agora você percebeu que, em duas opções de pagamento dele, a maior parte do valor está no final, fato que vai lhe causar problemas, pois você espera obter os recursos de engenharia altamente especializada de que necessita terceirizando o serviço e pagando adiantado. Seu interlocutor talvez revele que a opção de dar um desconto extra pela entrega antes do prazo é interessante, mas, como ele não tem fundos para esta opção, não poderia lhe pagar assim. À medida que vocês forem explicando seu raciocínio, vão excluir algumas opções, porém frisando determinados interesses que podem gerar novas opções. Não se apressem em limitar a lista de opções para apenas uma ou duas, no entanto refinem a lista para ter certeza de que a maioria das opções atenda aos seus interesses e aos da outra parte também.

Utilize critérios para limitar as opções

Contrapor um parâmetro objetivo a suas opções vai ajudá-lo a melhorar algumas delas e eliminar outras, deixando-o com poucas opções consistentes para seguir em frente. Aplique critérios para ter certeza de que cada opção seja considerada justa e razoável por um observador externo imparcial. Também utilize parâmetros para preencher quaisquer lacunas nas opções, tais como o tempo que a equipe do seu interlocutor dedicaria a seus projetos ou qual o aumento exato de preço que você pedirá ao cliente.

Você já possui alguns parâmetros disponíveis, fruto de seu trabalho de preparação. Mas agora que compreende melhor os interesses da outra parte e tem algumas opções reais com que trabalhar, faça uma sessão de brainstorming para que descubram juntos parâmetros úteis e relevantes. Você pode estimular o seu interlocutor assim: "Tendo em mente as pessoas para as quais precisaremos explicar o nosso acordo, que tipo de parâmetros poderemos utilizar a fim de refinar e avaliar as opções que criamos?"

Utilize fontes e dados convincentes para você e seu parceiro. Por exemplo, se estiver negociando com um cliente, informe o tipo de negócio que já fez com outras companhias que ele respeita e considera semelhantes à dele. Por outro lado, evite falar sobre termos e condições ou sobre o preço negociado com clientes que compram muito menos ou que compram um produto ou serviço muito diferente. E não escolha parâmetros que favoreçam apenas seu ponto de vista. Escolha alguns que pareçam justos de qualquer perspectiva que você se coloque. O objetivo aqui é garantir que qualquer opção que ainda esteja na mesa possa ser defendida por *ambas* as partes.

No caso de uma negociação maior e mais complexa, imagine como a descrição do texto final do acordo seria publicada pela imprensa. Faça um esboço de um comunicado desse tipo a fim de compartilhar com a outra parte, para que ambas possam julgar como outras pessoas avaliariam a opção que vocês têm diante de si.

Utilize critérios para embasar uma opção atraente
Quando discutir uma opção que você acredita ser uma boa solução, utilize um parâmetro para fundamentá-la. Embora o objetivo seja convencer a outra parte a acreditar que a solução é válida, esclareça também que você aplicou esse critério para garantir que a decisão final fosse justa e defensável. Se for pedir a seu fornecedor para baixar o preço em 10%, por exemplo, será mais fácil convencê-lo se você mostrar que os fornecedores semelhantes também estão baixando o preço em 8% a 12%. Ele pode não gostar, mas entenderá que o pedido não é arbitrário e que você lhe forneceu uma prova para ser mostrada às partes interessadas da companhia, quando for discutir o pedido com elas.

Não é porque você mencionou um parâmetro que a outra parte vai necessariamente aceitá-lo. No exemplo anterior, o fornecedor pode voltar com o argumento persuasivo de que a companhia dele é diferente da dos outros que baixaram os preços. De qualquer forma, você agora está focado na quantia, diretriz ou termo certo e também no raciocínio capaz de defendê-los, não apenas no objetivo que uma única parte deseja.

Utilize critérios para eliminar uma opção desfavorável

Quando a outra parte defende uma opção que você não julga equânime ou defensável, utilize parâmetros para embasar sua posição crítica. Pergunte: "Por que esse valor?" ou "Em que se baseia esse valor?" ou, muitas vezes, e com maior eficácia ainda, "Como eu poderia justificar esse valor para o meu chefe?". Faça-a explicar por que a opção é justa ou defensável, principalmente se você tiver um parâmetro que demonstre que não é bem assim.

Se ela não conseguir, sugira, em vez disso, um critério que faça sentido.

Identifique e reconcilie critérios conflitantes

É bastante possível que você e a outra parte apresentem parâmetros conflitantes na negociação. Talvez você tenha encontrado dados que revelem que pessoas com um cargo igual ao seu ganham em média 30% mais do que você, embora seu chefe diga que seu salário fica num patamar acima da média. Certifique-se de não estar comparando alhos com bugalhos. Talvez seus dados sejam relativos a quem tem pós-graduação e o seu chefe valorize apenas a sua experiência de programação e não acredite que o seu diploma de mestre em relações internacionais seja relevante para o cargo que você ocupa. Discuta com ele quais desses dados são pertinentes ao seu caso.

Se isso não funcionar, pesquise por conta própria critérios adicionais que você julga serem úteis ou aplicáveis ao seu caso, decida em conjunto que parâmetro escolher ou solicite a opinião imparcial de uma terceira parte que possa esclarecer quanto é uma remuneração adequada.

Se de fato chegou-se a um impasse, volte a seus interesses e opções e procure oferecer mais soluções capazes de atender aos padrões de ambos.

Seja convincente – e aberto à persuasão

Aplicar parâmetros é complicado, porque você precisa convencer a outra parte de que determinadas opções são aceitáveis (ou não). Ao apresentar um parâmetro, é fácil adotar um papel desdenhoso ou antagônico em relação a quem está sentado do outro lado da mesa. Seja assertivo mas, ao mesmo tempo, mostre empatia. Lembre o que você aprendeu sobre comunicação e dê sempre um retorno à outra parte sobre o que você entendeu, pedindo mais informação. "Entendo. O que realmente lhe interessa é x. Ajude-me a compreender por que isso é razoável."

Uma das ironias da negociação é que seu poder de persuasão aumenta se você demonstrar ser mais aberto a ser persuadido. Mas não fique só nisso. Dê atenção ao ponto de vista da outra parte e aceite o fato de que é possível aprender algo com ela. Quando a outra parte perceber que você está fazendo isso, fará o mesmo.

Por fim, ao aplicar parâmetros e insistir nas opções, refinando-as, você chegará a algumas soluções viáveis. As opções na mesa devem atender aos interesses e ser defensáveis por ambos. Você então poderá usar suas alternativas e comprometimentos para fazer uma boa escolha entre essas opções.

Capítulo 8
Escolha o desfecho certo

Concentre-se numa solução viável
e se comprometa com cautela

Diante das poucas soluções que restam, é hora de avançar rumo ao acordo final. Faça isso empregando a sua alternativa e certificando-se de que o que está na mesa é o melhor. Então, assuma cuidadosamente seus compromissos para que o acordo seja viável para todos.

Compare suas opções com as alternativas

É possível, talvez até inevitável, que a essa altura você e a outra parte já tenham esbarrado em uma discussão sobre as alternativas. Da mesma forma que fez com todos os elementos, pense em abordá-las à medida que surgirem na conversa. Porém, se isso ainda não aconteceu, agora é a hora.

Avalie as opções restantes
Conforme já discutimos, você precisa de uma solução que seja melhor do que a sua melhor alternativa. Avalie as soluções restantes em comparação com essa alternativa. Se uma delas for aprovada, você está bem. Em muitas negociações, não será preciso compartilhar suas alternativas com a outra parte; você avalia a solução sem revelar nada, comparando-a com a sua melhor alternativa.

Pressione por uma solução melhor
Se as opções que restarem depois da aplicação de critérios justos não forem melhores do que a sua melhor alternativa, use isso para pressionar a outra parte e você mesmo a fim de encontrarem melhores opções.

Por exemplo, você pode dizer: "Até agora, as opções na mesa são boas, mas não chegam nem perto do que eu posso fazer por conta própria. Isso também é verdade para você?" Ou: "Para chegarmos a um acordo, precisamos trabalhar duro para fechar um negócio melhor do que o que a minha equipe poderia encontrar em outro lugar. No momento, acredito que eu poderia lucrar 10% trabalhando com outro fornecedor e talvez o mesmo percentual se simplesmente usássemos o que restou de seu produto antigo em estoque."

Certifique-se de apresentar a discussão como um esforço para obter algo melhor do que a sua alternativa, não como uma ameaça. Ameaças como "Se você não puder melhorar o que está na mesa, vou trabalhar com outro fornecedor" às vezes reanimam a atenção da outra parte, mas na maioria dos casos tiram a negociação dos trilhos. Seu interlocutor provavelmente fará uma ameaça também e você ficará preso em um toma lá dá cá.

Se de saída suas alternativas são fracas, talvez você não queira revelá-las, a despeito do que possa sinalizar com isso. Nesse caso, concentre-se ainda mais em ser criativo com suas opções.

Desafie as alternativas da outra parte

Lembre-se que, mesmo que suas alternativas sejam fracas, as da outra parte podem não ser melhores. Ao longo da negociação, procure sinais do valor que o seu interlocutor dá às próprias alternativas. Você fez uma suposição abalizada durante o seu trabalho de preparação, porém ouça o que seu interlocutor de fato diz durante a negociação. Procure pistas do que ele faria caso tivesse de abandoná-la.

Tenha em mente que a outra parte pode exagerar a avaliação positiva que faz das próprias alternativas. Se você desconfiar que seja esse o caso, pesquise ou até levante algumas questões para descobrir até que ponto o que ele disse é verdade. Ele realmente tem outros fornecedores que façam um serviço parecido? Eles seriam mesmo capazes de resolver o problema por conta própria? Será que podem deixar a questão em banho-maria durante alguns trimestres até obrigar você a chegar aonde querem?

No entanto, só porque algumas dessas situações são possíveis não significa que a outra parte queira que aconteçam. Faça perguntas que contestem quão atraente é a alternativa deles. O outro fornecedor pode realmente atender às necessidades de quantidade e de qualidade que você é capaz de garantir? Quanto custaria à organização da outra parte fazer isso por conta própria? Você não está apenas testando a força das alternativas da outra parte, também está fazendo com que seus interlocutores percebam as próprias fraquezas. Informe-os: "Pode levar meses para transferir o negócio para um novo fornecedor até que você determine todo o equipamento que precisa ser substituído." "A vida útil dos produtos de nossos concorrentes é de dois anos, sem garantia. Os nossos, embora um pouco mais caros, têm o dobro de vida útil, e somos os únicos que fornecem uma garantia de dois anos." Isso pode não mudar imediatamente o ponto de vista da outra parte, mas vai fazê-la pensar.

Quando abandonar a negociação

Se você ainda não é capaz de identificar uma opção que seja melhor do que sua melhor alternativa, talvez precise abandonar a negociação. Tudo bem: não é um fracasso fazer isso se você não consegue obter um acordo melhor. Jamais negocie apenas para chegar a um acordo. Em vez de se afastar, você também pode esperar até descobrir uma alternativa melhor ou até que a outra parte fique mais flexível. Talvez possa negociar com outras pessoas da organização da outra parte ou encontrar outras empresas que atendam às suas necessidades.

Contudo, se você conseguiu encontrar soluções que superem a sua melhor alternativa, é hora de pensar sobre compromissos.

Comprometa-se com cautela

Agora que você tem algumas boas opções na mesa, avalie-as tendo em vista os três critérios seguintes, de forma a peneirá-las mais um pouco e ter certeza de que deve se comprometer.

1. **É operacional e suficiente.** O cronograma, os termos e as condições na opção em pauta precisam ser viáveis e detalhados o suficiente para que possam ser implementados. Imagine colocar o acordo em prática, pensando em cada passo que precisaria dar, e certifique-se de que não esqueceu nada que ainda precisa ser acordado.

2. **Você tem autoridade para se comprometer.** Não perca a noção na sala de negociações e assuma compromissos que você não esteja autorizado a fazer (nem deixe que seu

interlocutor faça o mesmo). Olhe para o que está prestes a ser acordado e reflita se tem autoridade para assinar o acordo ou se precisa do aval de outros.

3. **Você poderá defender internamente esses compromissos para as principais partes interessadas.** Teste a solução com as pessoas certas antes de assumir qualquer compromisso. Pode ser com seu chefe, a alta administração, sua equipe ou, em uma negociação que afetaria sua família, com seu cônjuge ou filhos. Eles talvez tenham interesses ou ideias que você não levou em consideração.

Você pode aplicar esses critérios, silenciosamente, durante o debate ou ter que se afastar da mesa para falar com outras pessoas antes de assumir o compromisso. De qualquer forma, dê atenção a este passo. Você precisa rever o que vocês concordaram e ter certeza de que a outra parte faça o mesmo.

Só assuma compromisso com quaisquer opções no final de tudo. Mesmo que pareça ter encontrado opções que cumpram todos os critérios, obrigue-se a permanecer no círculo um pouco mais, inventando e refinando, para ter certeza de que chegou ao *melhor* acordo possível. Faça isso, quer sua negociação seja uma discussão de cinco minutos no corredor ou um processo formal de meses. Da mesma forma, ainda que você deva começar sua preparação para a negociação o mais cedo possível, também deve se comprometer com seus resultados o mais tarde que puder. Enquanto estuda isso, certifique-se de que evitou os erros comuns citados no quadro da página seguinte.

A esta altura, se tudo ocorreu bem, você deve ter obtido um acordo final em consonância com os Sete Elementos de sucesso.

É claro, nem toda negociação decorre com tanta tranquilidade. Todos os negociadores enfrentam obstáculos e dificuldades, e, mesmo no círculo de valor, pode haver conflitos. No próximo capítulo, falarei sobre como se adaptar às realidades na sala de negociações; na próxima seção, falarei sobre os problemas que as pessoas encontram mais frequentemente e como lidar com eles.

CUIDADO COM OS ERROS COMUNS

Há alguns pontos que fazem muitos negociadores tropeçarem ao utilizar o enfoque do círculo de valor. Aqui estão os mais comuns que precisam ser observados e evitados:

- **Deixar de ouvir.** Depois de ter dedicado horas ou dias à preparação, é compreensível que você queira revelar seus interesses, explicar suas opções, assim por diante. Mas, ao entrar na sala de reuniões, concentre-se em ouvir e perguntar tanto quanto – se não até mais – apresentar propostas.
- **Sacrificar seus interesses para preservar o relacionamento.** Trate do relacionamento à parte. Resolva quaisquer problemas relacionados à confiança antes de partir para o conteúdo da negociação.
- **Concentrar-se em posições, não em interesses.** É fácil ficar envolvido no que você ou a outra parte desejam e passar muito rapidamente às especificidades dos acordos em potencial. A menos que ambos entendam as motivações por trás de suas posições, você não será capaz de achar um acordo que atenda aos interesses de ambas as partes.
- **Avaliar opções cedo demais.** Quando seu interlocutor propõe uma opção que não é atraente para você, não comece a destacar o que há de errado nela. Dedique certo tempo a pensar sobre as muitas opções antes de criticar.

- **Usar sua melhor alternativa como única medida de sucesso.** Seu objetivo não deveria ser "bom o bastante". Esforce-se para descobrir mais opções que atendam melhor a seus interesses e use critérios verdadeiros para que você não acabe aceitando uma oferta muito baixa. Pode ser tentador concordar com um aumento de 5% simplesmente porque é melhor do que o seu salário atual, mas, se outros com seu talento estão recebendo aumentos de 8% e 10%, então você está deixando algo na mesa, que pode ser recuperado com mais trabalho e disciplina.

- **Comprometer-se prematuramente no processo.** A outra parte pode sugerir uma opção no início que lhe parece perfeita e foi definida com base em um parâmetro bem razoável. Porém, não se precipite. Concordar com uma sugestão prematuramente vai limitar a criatividade. Seja paciente e aguarde para agir ponderada e cuidadosamente. Você pode descobrir uma opção ainda melhor.

Capítulo 9
Adapte continuamente sua abordagem

Esteja pronto para mudar de rumo

Uma das coisas que os negociadores consideram mais frustrantes é não poder controlar o que a outra parte faz. Sua preparação o ajudará a moldar e direcionar o processo, e a abordagem do círculo de valor otimizará suas chances de trabalhar em conjunto para uma solução mútua. A verdade, no entanto, é que você não sabe o que a outra parte vai dizer, fazer, propor ou rejeitar – nem em qual ordem. Portanto, é importante ser flexível quando estiver na sala de negociações.

Aqui estão várias maneiras de manter-se ágil e adaptar sua abordagem quando necessário.

Ensaie seu papel

Quando você fica sem saber para onde ir entre as sessões de negociação ou gostaria de sentir-se mais confiante para pôr em prática a abordagem planejada, é bom testar com outra pessoa antes de voltar para a sala de negociações. Ver e sentir a abordagem na prática ajuda a decidir se você está ou não no caminho certo.

Praticando sua abordagem

Talvez você não tenha conseguido que seu interlocutor discutisse os interesses ou sua tentativa de negociar em duas vias parece não estar dando certo. Ou pode ser que você não tenha certeza de como começar a apresentar suas ideias de opções na próxima sessão ou esteja se sentindo desconfortável com a apresentação dos critérios que deseja trazer para a mesa de negociações. Peça a um colega que desempenhe o papel da outra parte e teste o que deveria dizer ou fazer. Se possível, escolha alguém que não tenha interesse no resultado da negociação para que ele consiga ser objetivo. Caso tenha de trabalhar com alguém envolvido diretamente, escolha uma pessoa que você acredite que seja sincera.

Explique a situação, talvez até compartilhando sua ferramenta de preparação para que ela se oriente, e então tente abordagens diversas. Ensaie muito. Peça um feedback depois de cada tentativa. "Como soou isso? Como pareceu? Foi convincente?" Ajuste sua abordagem e repita.

Seu colega pode até dar algumas sugestões. "E se você tentasse compartilhar um pouco mais seus interesses primeiro ou se explicasse o porquê de estar perguntando aquilo naquele ponto?" Continue praticando. Quando se sentir confortável – e tiver uma série de cartas na manga – estará pronto para voltar à mesa de negociações.

Compreendendo a outra parte

Se você está com dificuldade para entender por que a outra parte está se comportando daquela maneira, tente inverter os papéis: represente o seu interlocutor e peça a um colega de confiança que o represente. Antes de começar, peça ao seu colega (representando você) que o entreviste, de modo que ele possa entender como você pensa, o que sente e o que tem feito e dito na negociação. Isso vai permitir que ele interprete seu papel com exatidão.

Em seguida, faça seu colega entrevistá-lo novamente, mas, dessa vez, com você representando o outro papel, para que comece a sentir, pensar, falar e agir como a parte contrária. Continue fazendo isso até que realmente sinta e fale como a outra parte.

Então, negocie: seu colega representando você e você como a parte contrária. Depois de alguns minutos, pare e recapitule: o que você aprendeu da outra parte ao personificá-la? Compreendeu melhor as perspectivas dela? Talvez tenha uma percepção melhor dos motivos pelos quais ela tem agido da maneira que age.

Considere o que aprendeu sobre o impacto de suas próprias palavras (ditas por seu colega). Você está sendo convincente? Seu interlocutor está ouvindo o que você está tentando dizer? Peça também ao seu colega que faça algumas observações.

Então ajuste a abordagem. Talvez você pudesse ser mais convincente em certos pontos ou precise ter mais empatia para ganhar confiança.

Observe

Qualquer bom atleta sabe como sair do campo ou da quadra por um momento para avaliar o que está acontecendo. Torna-se um observador passivo, distanciando-se brevemente da ação para ver o que ele próprio, seus companheiros de equipe e o oponente estão fazendo. Atletas bem-sucedidos ajustam a abordagem de acordo com o que percebem (ou optam deliberadamente pela continuação dela) e então voltam ao jogo e a executam.

Um bom negociador possui essa mesma habilidade. No decorrer da negociação, distancie-se da ação e observe o que está ocorrendo. Narre para si mesmo os fatos: "Ela explicou seus interesses. Compartilhei os meus. Agora estamos passando para as opções. Está indo bem? Se não, seria bom demorar-me nos interesses um pouco mais, ou em seguida ir para os parâmetros, ou até pedir um intervalo." Evite ficar preso em sua visão da situação para que você possa se ajustar conforme o necessário.

Idealmente, você será capaz de fazer isso por contra própria quando estiver na mesa de negociações, mas pode também pedir a alguém de sua equipe que monitore a situação. Por exemplo, você pode pedir ao Bob que observe como a outra parte reage a determinadas opções e a Joan que monitore como a outra parte reage às mensagens que você envia.

Faça um intervalo proposital

Caso tenha dificuldade para se distanciar no calor da negociação, pense em pedir uma breve pausa na discussão. Não hesite em pedir um tempo se você não tem certeza do que fará em seguida, se ficou irritado e precisa de tempo para se acalmar ou se deseja consultar colegas que não estejam na mesa. Pense também em pedir um intervalo se souber de alguma coisa inesperada ou estiver realmente surpreso.

O intervalo pode ser de 10 minutos, mas também de alguns dias. É possível explicar o motivo pelo afastamento temporário da mesa de negociações ou, caso esteja preocupado em transmitir uma mensagem errada com isso, pode sempre sair para usar o banheiro, verificar seu e-mail ou pegar uma xícara de café.

Será menos estranho se vocês estabelecerem de início que qualquer parte pode fazer uma pausa a qualquer momento. Assim, não ficará esquisito se você pedir um intervalo logo após a outra parte ter sugerido uma opção de que você especialmente não gosta, ou se você for ao banheiro quando estiver empacado sobre quais parâmetros aplicar.

Faça revisões e correções com frequência

Um negociador inteligente também pode dar um passo para trás, em certos momentos, a fim de recapitular o que está acontecendo na negociação. Faça isso frequentemente – depois de cada sessão de negociação para atualizar documentos de preparação, sempre que estiver estagnado ou se as coisas esquentarem, e antes de assumir qualquer compromisso.

Em cada um desses momentos decisivos, pergunte-se o que está dando certo e o que pode fazer de diferente. Mesmo que faça isso de cabeça por apenas 10 minutos, enquanto dirige para casa, por exemplo, você vai aprender algo e gerar ideias concretas para ajustar sua abordagem.

Se estiver travado, faça uma revisão mais formal, preferivelmente com um ou dois colegas que possam lhe fazer perguntas difíceis: "O que você disse antes de eles ameaçarem ir embora? O que o levou a dizer aquilo? Por que acha que foram capazes de reagir daquela maneira?"

Ao se preparar para assumir compromissos, peça aos seus colegas que repassem os Sete Elementos com você. "Isso realmente atende a todo o leque de interesses cruciais? Quantas opções você considerou? Por que acha que esta é a melhor? É realmente melhor do que a sua melhor alternativa?"

Faça então quaisquer ajustes necessários. Talvez você precise dedicar mais tempo para criar opções, ou concentrar-se mais em reparar o relacionamento antes de falar sobre interesses. Se as coisas não estão avançando, considere uma mudança de local, cronograma ou mesmo de participantes. Há alguém da sua parte ou da outra que possa ajudar?

Não considere como falhas as correções feitas no meio do percurso; não é raro precisar fazer mudanças à medida que a negociação progride (na verdade, significa que você está aprendendo ao longo do caminho). É esperado fazer esse tipo de alteração para botar a discussão no rumo certo e chegar a um acordo mais bem-sucedido.

Seção 3
Os desafios comuns

Ferramentas e técnicas que podem ser usadas em situações específicas

Todos os conselhos que demos até agora otimizam as chances de você conseguir um acordo bem-sucedido. Porém, mesmo com um bom trabalho de preparação e uma abordagem bem pensada, até os negociadores mais flexíveis às vezes se encontram estagnados em algum impasse.

Os quatro problemas mais comuns com que os negociadores podem deparar são:

1. **Muitas partes envolvidas.** Com muitas pessoas na mesa, a complexidade da negociação desacelera o processo ou o interrompe completamente.

2. **A outra parte é difícil.** Seu colega negociador resiste a suas tentativas de trabalhar de forma colaborativa e, em vez disso, assume determinada posição e exige concessões.

3. **A comunicação se interrompe.** Você e a outra parte discutem se sobrepondo um ao outro, incapazes de entender as perspectivas de cada um, muito menos de chegar a um acordo.

4. **A conversa esquenta.** As emoções tomam conta e você ou a outra parte se aborrecem, ficam com raiva ou ofendidos.

Nos capítulos a seguir, vou explicar como superar cada um desses problemas.

Capítulo 10
Alinhando múltiplas partes

Evite o caos e a ineficiência

O problema

Muitas negociações envolvem mais de duas partes e todas precisarão assinar o acordo final. Nessas situações, não há somente várias partes interessadas nos bastidores, mas também múltiplas partes sentadas à mesa de negociações: talvez você esteja negociando os detalhes de uma estratégia de mercado com parceiros que operam em diversos canais; talvez você trabalhe para uma instituição de pesquisa que esteja colaborando com várias outras em um contrato governamental; ou pode se tratar de uma venda de serviços complexos que envolva uma série de indivíduos, tanto da parte do cliente como de suas organizações. Quando você tem mais de duas partes que buscam concordar quanto a uma solução definitiva, a abordagem do círculo de valor se torna mais complicada.

Por que isso acontece?

Há dois motivos principais pelos quais essas negociações são mais complexas:

- **Excesso de pessoas.** Fazer com que várias partes se comprometam com uma opção ou acordo em geral leva mais tempo pelo simples fato de haver mais indivíduos envolvidos. Discuta os itens da pauta e as regras básicas no início da negociação. Você também pode procurar facilitar as coisas identificando quem são tomadores de decisões e deixando todo o restante de fora. Mas o tiro pode sair pela culatra caso você descubra que existem outros com poder de veto.

- **Complexidade do processo.** Negociar com várias partes significa que você tem de atender a mais interesses, terá mais opções para classificar e mais alternativas a considerar.

Equilibrar as necessidades de incluir e consultar muitas partes diferentes com a realidade do tempo que pode levar para examinar todas as opções que satisfaçam seus interesses não é fácil.

O que fazer

Há maneiras de acelerar o processo e ainda se assegurar de que todos os pontos de vista sejam levados em consideração.

Deixe claro quem decide
Você pode lidar com decisões complexas de forma mais eficiente – e evitar a confusão e a frustração – estabelecendo de antemão quem vai decidir o quê.

As pessoas têm interesses diferentes na negociação, então devem desempenhar papéis diferentes na tomada de uma decisão final. Esses papéis se dividem em três categorias:

- **Informar.** Aqueles que precisam saber sobre a decisão e sua razão, mas não precisam (e se pressionados dirão que não querem) se envolver com a negociação propriamente dita. Esta ampla categoria de pessoas inclui as que têm de pôr em prática o acordo ou são afetadas por ele mas não possuem conhecimentos específicos ou pontos de vista necessários ao debate. Por exemplo, a grande maioria dos usuários finais de um novo produto ou serviço que está sendo comprado entraria nesta categoria.

- **Consultar.** Aqueles cuja contribuição deve formar a base de informações para a tomada de decisões. São os conselheiros dos que tomam as decisões. Deve-se levar em consideração suas necessidades ou conselhos antes de tomar uma decisão, no entanto, eles não votam. Esses participantes geralmente têm uma perspectiva ou competência singular que você deseja aproveitar.

- **Negociar.** Aqueles que são, por fim, os responsáveis por todas as partes fundamentais do acordo final. São essas as pessoas que precisam tomar as decisões por conta de suas posições, papéis, responsabilidades ou autoridade. Talvez seja útil subdividir esse grupo entre aqueles que têm poder de veto (o acordo não pode seguir em frente sem seu consentimento) e aqueles apenas com poder de voto (o grupo pode seguir em frente sem a aprovação deles, se necessário).

É melhor estabelecer formalmente esses papéis no início da negociação. O momento ideal é antes de se sentarem juntos ou logo ao entrarem na sala de negociações. No mínimo, é preciso discutir os papéis antes de começar a refinar as opções.

Para decidir em que categoria cada um entra:

1. **Enumere as decisões que precisarão ser tomadas.** Quando você estava se preparando para a negociação, estabeleceu os vários assuntos que precisavam ser abordados. Usando-os, faça uma lista das decisões específicas que precisam ser tomadas.

2. **Atribua a cada pessoa um papel para cada decisão.** Identifique todas as partes que participam de cada decisão e posicione-as em uma das três categorias: Informar, Consultar ou Negociar (vetar/votar). Tenha em mente que a mesma pessoa pode estar em diferentes categorias para decisões distintas; seu chefe pode ter direito a veto na decisão de tarifação, mas precisa ser consultado apenas sobre a duração do contrato de serviço. Use um gráfico como o da Tabela 10-1 para esquematizar esse trabalho.

   Você pode ficar tentado a colocar a maioria das pessoas na categoria "Negociar", mas isso não é viável e, muitas delas, na verdade, não precisam nem querem estar envolvidas. Em vez disso, tenha como objetivo enquadrar cada pessoa na categoria mais distante possível do lado esquerdo, limitando esse grupo crucial àquelas que realmente devem estar ali.

3. **Compartilhe e receba feedback.** Seja claro sobre as funções que você espera que todos desempenhem e por quê. Peça suas contribuições. Quando necessário, negocie sobre seus papéis e faça-os se comprometer a honrá-los durante a negociação.

TABELA 10-1
Atribuindo funções na negociação

Decisão	Informar	Consultar	Negociar - Tem voto	Negociar - Tem veto
Precificação do produto	**Vendedor:** representantes de venda, representantes de produtos **Comprador:** gerente de unidade de negócios	**Vendedor:** gerente de produto, executivo de contas **Comprador:** diretor de compras, diretor financeiro	**Vendedor:** vice-presidente de precificação, diretor financeiro **Comprador:** vice-presidente de compras	**Vendedor:** vice-presidente sênior de vendas **Comprador:** gerente-geral da unidade de negócios
Nível de suporte ao produto	**Ambas as companhias:** Finanças	**Vendedor:** líderes do atendimento ao cliente **Comprador:** vice-presidente e diretor de compras **Ambas as companhias:** jurídico	**Vendedor:** chefe de vendas **Comprador:** gerente-geral da unidade de negócios	**Vendedor:** vice-presidente de serviços **Comprador:** vice-presidente da unidade de negócios e de qualidade

Copyright © 2013 Vantage Partners, LLC. Todos os direitos reservados.

Às vezes, as pessoas vão se encaixar facilmente nessas funções; em outras haverá algum tipo de discussão. Se houver desentendimento, pergunte por que a pessoa sente necessidade de estar na função que ela requisita. Ela está realmente pronta a empenhar o esforço e o tempo necessários? Outra função pode atender a seus interesses? Um exemplo de colocação: "Você disse que gostaria de ter a função de negociar porque quer compartilhar sua opinião sobre os riscos. Será que isso não pode ser feito na função de consultar, já que seu chefe está com o papel de negociador?"

Esse processo pode dar trabalho no início, mas ajudará a agilizar a tomada de decisão, economizando tempo no fim das contas.

Coloque todo mundo na mesma página – literalmente
Mesmo depois de ter chegado a um acordo quanto às responsabilidades de cada um, pode ser difícil, nessa situação de muitas partes, fazer com que todos concordem com uma solução.

O mais comum é cada parte apresentar sua solução ideal e esperar que as outras reajam ou acrescentem mais detalhes. Isso pode levar a um longo e improdutivo jogo de barganha de posições que resultará em uma solução de mínimo denominador comum. Mesmo que você não caia nessas armadilhas e consiga esboçar uma proposta única, fazendo-a circular entre as pessoas para conseguir feedback, decifrar as diversas reações delas pode levar ao caos.

Em vez disso, use o que chamamos de *procedimento de texto único*. Como sugere o nome, esse processo obriga todos a se concentrarem no esboço de um acordo. As partes trabalham juntas naquele único documento compartilhado, procurando melhorá-lo ao longo do caminho, oferecendo críticas (não sugestões) e permitindo que um redator altere criativamente o projeto a cada rodada de feedbacks.

É assim que funciona:

1. **Escolha um redator.** Trabalhem juntos para selecionar um indivíduo que será responsável por todo o trabalho de escrever e editar. Encontre alguém respeitado e confiável, um bom ouvinte, que seja criativo e que tenha angariado bastante credibilidade de todos na mesa de negociações por ser considerado imparcial. O ideal é que essa pessoa não tenha participação na decisão, mas entenda o contexto e as questões. Se não houver concordância de todos sobre quem deve desempenhar essa função, crie uma pequena equipe composta de representantes de cada parte. Também é possível usar uma pessoa de fora, que não esteja envolvida.

    Caso não consiga encontrar alguém para esse papel, esboce você mesmo o acordo. Nesse caso, seja bastante transparente ao longo de todo o processo no que diz respeito a qual papel está representando e quando; às vezes, você será o facilitador equilibrado, solicitando feedback dos outros, enquanto, em outros momentos, vai criticar seu próprio esboço. Você precisará de uma abordagem justa e equilibrada diante da discussão e da criação do esboço, compreendendo que não pode simplesmente se concentrar nos próprios interesses.

2. **Ouça os pontos de vista de cada parte.** O redator então comunica os interesses de cada parte. Ele pode fazer isso por meio de entrevistas separadamente ou quando todos estiverem reunidos na sala. Cada lado provavelmente

conduzirá sua posição na direção do que deve ser a solução, mas é de responsabilidade do redator fazer perguntas para descobrir os interesses subjacentes à solução proposta e às posições correntes. O redator deve então fazer uma sondagem profunda, perguntando: "Por quê?", "Com que propósito?" e "O que você está tentando alcançar (ou evitar)?".

3. **Crie um rascunho.** O redator cria, então, o rascunho de uma solução imparcial e sensível ao que ouviu. De qualquer maneira, deve ficar claro que é um esboço, não a versão final. Para frisar esse ponto, basta escrever uma frase simples como "rascunho apenas para discussão" em cada página.

4. **Peça críticas.** O redator compartilha o texto único, questionando de que forma o rascunho atual não corresponde aos interesses de cada parte. Normalmente, nessa primeira rodada, ele faz a pergunta em grupo, para que um ouça a resposta do outro. O redator não deve defender ou explicar o esboço. Apenas levanta questões como: "O que pode estar errado com isso?", "Quais de seus interesses não foram razoavelmente satisfeitos com essa proposta?". Caso receba uma sugestão ("Mude apenas aquele termo, e estarei de acordo"), o redator deve sempre perguntar sobre os interesses por trás dela ("Por que isso faz mais sentido do que o que já está aqui?"). O tom não deve ser defensivo, mas inquisitivo.

Ao aproveitar a vontade natural das pessoas de criticar, essa abordagem acaba por expor os interesses subjacentes delas. O ideal seria que o redator registrasse todos esses novos interesses que ouviu num lugar onde todos pudessem vê-los. (Veja o quadro Perguntas a fazer no procedimento de texto único, no final do capítulo.)

5. **Faça revisões.** Em seguida, o redator burila o texto. Procura novas soluções criativas, ideias que conciliem as diferenças e formas de criar ganhos comuns. Se ele acredita que certos interesses ainda não foram revelados, pode até inserir uma ideia controversa ou algumas outras com a finalidade de estimular a crítica na próxima rodada. O redator deveria fazer isso de forma transparente, tomando nota do que fez e por quê. Novamente, ele marca o texto como "rascunho" e o devolve aos negociadores.

6. **Repita.** O redator mais uma vez pede a crítica das partes, sondando os interesses, testando-os, registrando-os e escavando mais fundo à procura dos motivos subjacentes a qualquer proposta de mudança. Na maioria das vezes, isso é feito em sessões ao vivo, mas, caso necessário, ele pode pedir às partes negociadoras que registrem seus feedbacks em documentos separados. Alguns indivíduos talvez queiram fazer as alterações diretamente no rascunho, mas o redator não deve ceder. O resultado seria muitas versões irreconciliáveis, e todos os passos em direção a uma solução organizada se perderiam.

Nessa próxima rodada, o redator reúne as críticas, compartilha sua opinião com os negociadores e volta para aprimorar o esboço por conta própria. Então continua a alternar entre solicitar críticas e revisar até que: considere aquele o melhor esboço; conclua que os benefícios de mais aprimoramentos não valem o custo do tempo e do esforço; ou então perceba que não tem mais tempo.

7. **Apresente uma escolha.** A essa altura, o redator apresenta a todas as partes uma escolha dura: aceitem o esboço como está ou as consequências de não chegarem a acordo nenhum. Ele pode dizer algo do tipo:

"Fiz o melhor que pude. Não posso prometer que todos ficarão 100% felizes, porém, ouvi todos vocês e me esforcei para atender a muitos de seus interesses subjacentes. Esta é a proposta final. Não acho que conseguiremos fazer melhor. Se todos aceitarem, então nós temos um acordo. Se rejeitarem, temos que voltar para nossa melhor alternativa. Agora preciso de um sim ou um não."

Eu e meus colegas temos usado o procedimento de texto único em situações complexas com a participação de muitas partes, tais como negociações de paz, vendas complexas, fusões e aquisições, iniciativas de mudança organizacional em larga escala e discussões aparentemente diretas – tais como quem fica com que escritório, como devem ser as novas normas, como definir orçamentos para o próximo ano fiscal e até mesmo aonde ir nas férias com a família.

Esse procedimento leva a resultados muito mais positivos e estabelece relacionamentos. Apesar da quantidade de pessoas envolvidas, todas têm voz, se sentem ouvidas e começam a enxergar a elaboração de um acordo como um problema que será resolvido em conjunto.

O processo assim pode parecer mais longo, mas colocar todo mundo numa sala e deixar que briguem até encontrarem uma solução geralmente leva apenas a impasses e compromissos forçados que, por si só, levam a acordos impraticáveis que não conseguem ser implementados de maneira correta. No fim das contas, a abordagem de texto único em geral economiza tempo.

Esse processo funciona muito bem para situações nas quais existem muitas partes na mesa de negociações, mas também pode ser útil em negociações individuais, quando você sabe que a outra parte terá de examinar o acordo com uma série

PERGUNTAS A FAZER
NO PROCEDIMENTO DE TEXTO ÚNICO

- O que está errado nesse esboço da maneira como foi apresentado?
- Você tem interesses importantes que este esboço não atende adequadamente? Quais são eles? E por que são importantes?
- O que mais parece errado ou falta neste esboço? Por que essas coisas são importantes?
- Você tem alguma outra ideia para melhorar? Por que motivos você sugere estas opções? Que interesses cruciais mas frustrados elas indicam?
- Você tem outras ideias de como os interesses conflitantes podem ser resolvidos de forma justa e criativa?
- Entendo por que gostaria de ter atendido este interesse particular, mas já que está claro que ele é conflitante com o interesse de outros, por que atender a seu interesse aqui seria prioritário em relação ao atendimento do interesse dos outros? Que parâmetros ou processo imparcial podemos aplicar para decidir isso?

de constituintes internos. Vocês podem elaborar um rascunho em conjunto e a outra parte faz o procedimento de texto único circular dentro de sua organização. É claro que você também possui interesses que precisam ser atendidos, portanto, mantenha-se engajado para garantir que sejam levados em consideração em esboços futuros.

Negociar com muitos indivíduos que têm interesses bem díspares pode ser assustador, mas esclarecer as funções de tomada de decisão e usar o procedimento de texto único é uma maneira disciplinada de unir todas as vozes para chegar a uma solução única.

Capítulo 11
Acalme o negociador difícil

Mude o rumo da conversa

O problema

Você trabalhou muito para se preparar para a negociação e está pronto para entrar no círculo de valores. Mas, toda vez que tenta entender melhor os interesses da outra parte ou criar opções via brainstorming, ela resiste. Em vez de seguir sua abordagem, ela está presa ao hábito das velhas táticas de negociação: se posicionar, fazer ameaças e esperar que você faça concessões. Ela descarta suas perguntas sobre as motivações das demandas, dizendo "Isso não importa. Eu quero porque quero".

Por exemplo, vamos considerar o caso de Ruben, que tenta vender um equipamento grande para George, seu cliente em potencial. George começa logo com uma importante exigência: "Preciso de 10% de desconto." Ele explica que nenhum de seus fornecedores conseguiria isso, nem mesmo os principais. Quando Ruben pergunta a George o motivo disso, explicando que gostaria de entender seus interesses subjacentes, George interrompe. "Olha, estou lhe fazendo um favor porque gosto de trabalhar com você. Se fosse outra pessoa, com certeza eu pediria um desconto ainda maior." E acrescenta: "Se você fosse um bom parceiro, nos daria esse desconto. Lembre-se de que meu chefe é um velho amigo do seu chefe e pode ligar para ele a qualquer momento."

Esse tipo de reação é frustrante, mas entrar em pânico, reagir da mesma maneira, ir embora – ou ainda pior, ceder –, não vai levá-lo a lugar algum. George é um negociador duro, mas não seja induzido a jogar o jogo dele; na maioria das vezes essa abordagem leva a uma solução comprometedora e a um relacionamento estremecido.

Por que isso acontece

Você se encontra nessa situação desconfortável porque, a despeito de suas boas intenções ou de estar bem preparado, é impossível exigir que seu interlocutor negocie da maneira que você quer. Existem muitos motivos pelos quais as pessoas escolhem táticas contraproducentes, como as de George:

- **É a única abordagem que conhecem.** Talvez eles suponham que é assim que as negociações devem ser feitas. Se esse for o caso, você pode mostrar-lhes ou ensinar-lhes uma maneira melhor.

- **Funcionou para eles no passado.** Talvez tenham sido recompensados por outras partes no passado que fizeram concessões e lhes deram a "vitória". Você vai precisar mostrar-lhes uma abordagem mais produtiva e deixar claro que não continuará a recompensar o mau comportamento deles.

- **Um chefe ou superior os aconselhou a negociar assim.** É possível que alguém da empresa deles lhes recompense por negociar dessa forma (por exemplo, garantindo um bônus baseado no desconto que eles conseguirem) ou os instrua sobre a atitude que devem tomar, tal como, "vá lá e consiga 10% de desconto", sem explicação do motivo e do propósito disso. Ou talvez o negociador difícil tenha testemunhado alguém que ele respeita negociando dessa maneira. Você não sabe que pressão eles estão sofrendo, mas pode lhes mostrar que talvez consigam um resultado melhor usando um processo diferente.

- **Não estão preparados para negociar de outra maneira.** Eles não pensaram profundamente sobre quais são seus interesses, sobre o que podem vir a fazer caso não consigam chegar a um acordo, sobre quem precisa aprovar o acordo e assim por diante. Dê-lhes tempo para se organizarem e orientação sobre como se prepararem.

Refletir sobre o motivo de a outra parte estar conduzindo a negociação de modo tão duro pode lhe ajudar a determinar a melhor maneira de reagir.

O que fazer

Seu trabalho nessa situação é detectar "o jogo", fazer um diagnóstico do que está acontecendo e então mudar o tom e a direção da conversa para não repetir o comportamento da outra parte.

Não reaja

O primeiro passo é usar as habilidades que discutimos no Capítulo 9 e tornar-se um observador passivo. Em vez de entrar em pânico ou reagir às ameaças e exigências, respire fundo, distancie-se mentalmente da negociação e olhe com objetividade para o que está acontecendo. Tome uma atitude calma e disciplinada, para que você possa decidir sistemática e estrategicamente como dar o próximo passo.

Faça um diagnóstico do que está acontecendo
Procure entender o que está acontecendo usando os Sete Elementos a fim de detectar o "jogo" e avaliar quais são os "movimentos" da outra parte. Determine quais elementos ela está usando e de que maneira os utiliza – e, ainda mais importante, quais ela *não* está utilizando.

Você verá que ela usa os elementos, mas não da maneira ideal; na verdade, ela os usa *mal*. Quando você faz brainstormings para levantar opções que atendam aos interesses de ambas as partes, ela pressiona por opções que atendam somente aos interesses dela. Enquanto você compartilha parâmetros bem concretos, baseados em pesquisa e análise, talvez ela solte uma generalização vaga, tal como: "Todo mundo concorda com estes termos hoje em dia." Enquanto você tenta construir o relacionamento, ela pode mantê-lo refém de ameaças caso você não ceda.

Vamos retornar ao exemplo anterior da venda do grande equipamento. George fez os quatro movimentos seguintes:

1. "Precisarei de 10% de desconto."

2. "Nenhum de nossos fornecedores conseguiria isso."

3. "Estou lhe fazendo um favor porque gosto de trabalhar com você" e "Se você fosse um bom parceiro, nos daria esse desconto".

4. "Meu chefe é um velho amigo do seu chefe e pode ligar para ele a qualquer momento."

Pensando nos elementos, Ruben deve observar o seguinte:

1. Com o Movimento #1, George usou o compromisso para exigir que Ruben concorde com sua posição.

2. Com o Movimento #2, ele apenas lançou um critério geral, sem apoiá-lo em evidências, e insinuou que Ruben deveria acreditar na palavra dele.

3. Com o Movimento #3, George tentou usar o relacionamento para induzir Ruben a fazer uma concessão e talvez ainda ameaçar o relacionamento caso ele não o faça.

4. Com o Movimento #4, George está focado em alternativas, revelando que a dele é muito boa e muito fácil de pôr em prática se Ruben não colaborar.

Ruben também precisa notar que George não tratou dos outros três elementos: interesses, opções ou comunicação. Agora ele sabe quais são os elementos em jogo (e quais não estão) e como estão sendo usados.

Por último, pense também em como você pode estar contribuindo para essa dinâmica prejudicial.

O que a sua linguagem corporal diz? Qual é o tom de sua voz? Como você estruturou as coisas que compartilhou ou perguntou? Você está agindo de maneira defensiva? Você reagiu à exigência dele com uma contraexigência? Você não tem como esperar um comportamento colaborativo da parte dele se não fizer o mesmo.

Mude o jogo

Agora que você sabe o que está acontecendo, pode trabalhar para mudar isso. Aqui estão três abordagens possíveis:

1. **Introduza um elemento que a outra parte não está utilizando.** Introduzir um novo elemento em geral ajuda a levar adiante a conversa. Se a outra parte está concentrada na própria alternativa e continua pressionando-o para chegar a uma conclusão, experimente apresentar novas opções perguntando sobre os interesses dela, revelando parâmetros que iriam permitir que ambos se defendessem diante das partes interessadas que importam e assim por diante.

   No exemplo de vendas anterior, Ruben poderia trazer à tona os seguintes elementos de que George não fez uso:
   - **Interesses.** George não se mostrou cooperativo quanto aos seus interesses, mas Ruben precisa insistir. Ele deve perguntar, de diversas maneiras e muitas vezes, por que George quer os 10% de desconto. Por que 10%? Por que não 8% ou 12%? Como George usará esse dinheiro extra?

     Se essa tática não funcionar, Ruben deve testar sua hipótese sobre quais seriam os interesses de George. Ele está tentando aumentar as margens de lucro do produto que vai receber as peças compradas? Financiar outro projeto? Precisa guardar dinheiro para investir em treinamento e assistência? Por outro lado, ele poderia dividir alguns de seus interesses para pôr o negócio em andamento.
   - **Opções.** Ruben também poderia dizer: "Vamos considerar os 10% como possibilidade. De que outras três formas poderíamos estruturar esse acordo?" Ou, ainda melhor, ele poderia incluir também os interesses de George: "Estou supondo que o desconto de 10% seja motivado pelo aumento nos custos de produção e, se assim for, posso imaginar três outras maneiras de estruturar o acordo para solucionar esse problema.

2. Pegue um elemento que a outra parte esteja usando e use-o de maneira diferente. Por exemplo, Ruben pode reconhecer a reivindicação de George quanto à sua alternativa e decidir manter-se focado nesse elemento. Em vez de ameaçar George com as próprias alternativas, Ruben pode pressioná-lo a examinar o verdadeiro valor da alternativa dele. Nesse caso, Ruben pergunta a George como seria se ele tivesse de voltar e envolver o chefe dele nisso, ou revela que já discutiu esse acordo com o próprio chefe e que qualquer ligação para ele seria redirecionada para o próprio Ruben. Poderia ainda lembrar-lhe dos custos com que a companhia de George teria de arcar se o negócio caísse por terra (por exemplo, os custos de uma mudança para o produto da concorrência).

Ruben poderia também frisar que ambos têm boas alternativas e então dar outro rumo à conversa: "Ambos possuímos alternativas, portanto, vamos ver quem aparece com uma opção melhor. Então poderemos voltar e decidir se a que criamos é melhor ou pior do que as nossas alternativas."

Por último, Ruben segue com um dos outros elementos que George usou:
- **Critérios.** Ruben pode investigar a sugestão de George de que outros parceiros em potencial aceitariam um preço mais baixo. Ele pergunta que outros fornecedores concedem um desconto de 10% ou pergunta se George já comprou *alguma vez* de algum fornecedor que não concedesse tal desconto. Qualquer uma dessas questões pode ser convincente por si só ou talvez leve a uma conversa sobre os parâmetros de que George precisaria para persuadir seus empregadores de que tem um bom acordo.

- **Comprometimento.** Ruben poderia testar a autoridade de George para diminuir os 10%, oferecendo um desconto de 5% em troca de um comprometimento imediato com um acordo "assinado" para o mesmo dia. Embora não seja um movimento de retorno ao círculo, essa exceção pode ser um gesto útil para virar o jogo. Ruben poderia perguntar quem na organização de George consegue se comprometer com menos do que 10% e investigar como trazer essa pessoa para a mesa de negociações ou equipar George com os argumentos necessários para conseguir a aprovação.
- **Relacionamento.** Por fim, Ruben poderia dizer a George que gosta de fazer negócios com ele também e que o desconto adequado (se for o caso) a ser dado não tem a ver com o relacionamento deles, mas com a imparcialidade com que os dois lados devem ser tratados. Talvez valha questionar se existe alguma coisa tensionando o relacionamento no momento (fora o preço) e encarar esses assuntos antes de voltar para o ponto onde ambos se perguntam como vão determinar o que seria um preço justo.

3. **Diga à outra parte que pare de fazer o jogo que está fazendo.** Explicite o que ela está fazendo, explique as desvantagens dessa tática e sugira uma abordagem do círculo de valores. Você pode dizer algo como: "Percebi que você está fazendo uma exigência unilateral e gostaria de uma concessão em troca. Isso parece um jogo perdido para nós dois. Se colocarmos nossas cabeças para funcionar, poderemos bolar uma solução muito mais valiosa para ambos." Não enfie um novo procedimento goela abaixo, no entanto, pergunte: "Quais são suas preocupações com essa

abordagem?" Dar um passo para trás e negociar explicitamente sobre o procedimento talvez seja uma boa jogada para lançar um novo foco sobre a discussão.

Para mudar o jogo, é provável que você precise usar uma combinação dessas três abordagens. Com qual delas começar dependerá de sua situação específica, mas, em geral, é mais fácil adotar um elemento que não está sendo usado. Trazer algo novo é uma lufada de ar fresco em uma conversa tensa.

Alguns negociadores se sentem especialmente mais confortáveis com um ou dois elementos, portanto você pode usar esse primeiro. Não existe apenas um movimento certo. Pelo contrário, pense nos Sete Elementos como sete opções para escolher a qualquer momento se ficar travado.

Qualquer que seja o movimento que decida fazer, persevere. Se a primeira tentativa não funcionar, repita. Sua primeira pergunta, "Por que você precisa de 10%?", pode não ser respondida, então, pergunte-a de novo de maneiras diferentes. Se não funcionar, tente um dos outros seis elementos restantes. A boa notícia é que você tem sete lugares diferentes para ir e, se manter o foco e a disciplina, com certeza progredirá.

Quando você não consegue mudar o jogo

Em raras ocasiões, você não vai conseguir mudar o jogo. Geralmente isso acontece quando a outra parte tem o interesse genuíno de bancar o negociador difícil e tem certo prazer em ver quem recuará primeiro ou fará concessões. Se você realmente esgotou todas as estratégias, eis algumas opções:

1. Entre no jogo, mas jogue melhor. Por exemplo, se você for participar de uma barganha de posição, estude bem os Sete Elementos, mantenha seu parâmetro de sucesso em vista e

use isso para dominar o jogo. Utilize critérios bem pesquisados para reforçar suas posições, selecione e use opções criadas em sessões de brainstorming, faça concessões de baixo custo enquanto extrai as de alto custo dele e assim por diante. Tenha em mente, porém, que deve fazer isso apenas em raríssimas ocasiões. Mesmo que seja bem-sucedido, você se arrisca a estabelecer um precedente ruim.

2. Recorra à sua melhor alternativa, mas faça isso de maneira que deixe a porta aberta para a outra parte voltar para a mesa de negociações. Você pode dizer: "Eu gostaria que pudéssemos fazer isso dar certo, porém, da forma como está, eu lucro mais simplesmente perdendo esse negócio do que concordando com ele. Tenho diversos outros clientes e acho melhor concentrar minha atenção neles. Se as coisas mudarem da sua parte, ficarei muito contente se você me ligar." Algumas vezes a outra parte não vai ligar, mas pode acontecer de o negociador difícil perceber que a melhor alternativa dele não era tão boa quanto achava, não dá em nada ou ainda pior, leva a maus resultados, e então seu telefone vai tocar.

Mudar o jogo pode salvar uma negociação que não está indo para lugar algum. Normalmente, estabelece também um bom precedente para interações futuras. Por exemplo, se você consegue um parâmetro que funcione com um negociador difícil, você fez duas coisas: primeiro, estabeleceu um critério que ambos podem respeitar e localizar no futuro e, segundo, deixou claro que deseja negociar de forma justa, em vez de usar jogos de poder unilaterais. Crie você mesmo a história que deseja que se repita.

Talvez soe mais fácil de falar do que fazer, mas, armado com esse conselho e alguma prática, você será capaz de alcançar isso.

Comece observando negociações difíceis e pensando em como iria fazer a outra parte abandonar as táticas duras de negociação. Pratique então em algumas negociações de baixo risco, criando aos poucos experiência. Ao ficar mais experiente, certifique-se toda vez de dar um passo para trás, diagnosticar e fazer escolhas ativas sobre como você gostaria de mudar o rumo da conversa.

Capítulo 12
Quando a comunicação se perde

Cultive o entendimento

O problema

Às vezes, ao entrar na sala de negociações, você descobre que não consegue se entender com a outra parte. Talvez a conversa logo tenha se tornado conflitante e a outra parte se ofendeu com alguma coisa que você disse, embora não tenha sido essa a intenção. Talvez você não entenda por que as opções sugeridas não funcionam para a outra parte. Ou você pode se ver discutindo sobre a maneira como cada um enxerga a situação ou os assuntos da negociação. Não importa o que você faça, parece haver um descompasso.

Tome como exemplo um empreendimento conjunto de pesquisa e desenvolvimento entre um fabricante de automóveis e um produtor de peças elétricas para carros. Alfredo, um dos executivos do fabricante, tentou persuadir Debora, a outra parte que representava o fabricante de peças elétricas, a mudar a fábrica principal para outra região, onde fica a fábrica de automóveis. Como Debora resistia, Alfredo passou a explicar os benefícios. Eles iriam ter acesso a engenheiros mais talentosos e a fábrica ficaria mais próxima de "onde tudo acontecia". Toda vez que se falavam e Alfredo frisava outro benefício, Debora o derrubava. Apesar de Alfredo ter um contra-argumento para cada questão que Debora levantava – como o fato de que eles economizariam mais nos custos de operações do que gastariam para realocar-se –, ainda assim ela dizia não, sem nunca explicar por quê.

A relação deles estava ficando tensa, uma vez que Alfredo simplesmente não entendia qual era a intenção de Debora e começava a supor que ela estava apenas bancando a difícil. Outra prova disso foi a reação estranha a algo que ele dissera semanas antes. Numa tentativa de se mostrar um parceiro cooperativo, Alfredo disse a Debora com orgulho que os engenheiros de sua companhia haviam finalmente criado um método para que todos os seus modelos de carro passassem a utilizar os componentes muito complexos da companhia dela. Ele pensou que Debora fosse ficar entusiasmada com o avanço. Em vez disso, ela lhe lançou um olhar duro e saiu pisando forte.

Apesar das boas intenções de Alfredo, muitas falhas comuns de comunicação ficam evidentes neste caso: Debora não dirá a Alfredo por que suas propostas não funcionam para ela; Alfredo ofendeu Debora sem saber por quê; e Alfredo não criou uma opção que levasse em consideração as perspectivas e os interesses de Debora.

Por que isso acontece

Quebras de comunicação não são incomuns nas negociações. Para entender por quê, pense sobre o clássico desenho em preto e branco em que algumas pessoas veem uma jovem e outros, uma senhora. É a mesma imagem, mas as pessoas simplesmente a veem de formas distintas. Essa diferença na percepção ocorre também nas negociações. Você enxerga todo o processo de maneira diferente – o próprio ato de negociar, um ao outro e as questões em pauta.

Essas diferenças de percepção são perigosas, porque tendemos a amplificá-las em nossa mente. Pesquisas mostraram que possuímos o hábito de exagerar o nosso próprio lado de um assunto controverso – a pensar nele como sendo mais honesto ou verdadeiro –, ao passo que desprezamos os outros, reduzindo-os ao papel de "oposição". Geralmente isso leva a percepções negativas da outra parte e de seu raciocínio, comportamento ou posição.

As lacunas entre as narrativas podem ser difíceis de preencher. No entanto, se vocês não explorarem a diferença juntos, é provável que continuem a debater sobre conclusões em vez de reduzir o conflito e resolver os problemas.

O que fazer

Você pode preencher essa lacuna criando um entendimento mútuo. A começar por você: descubra qual é a informação que lhe falta e de que forma pode consegui-la. Afinal, você não pode mudar a opinião de uma pessoa sem saber que opinião é essa. Depois disso, vocês terão uma chance melhor de trabalharem juntos a fim de desenvolver uma solução que funcione para ambos.

Faça da compreensão um esforço colaborativo
Reconhecer a existência de percepcões diferentes e admitir que você certamente esbarrará nelas é bem útil. Quando acontecer,

você terá de buscar entender a perspectiva da outra parte e fazê-la entender a sua:

1. **Peça a ela que compartilhe seu raciocínio.** Faça perguntas até que tenha entendido profundamente a história da outra parte e possa ver como ela chegaria à sua conclusão (embora você não precise concordar com ela). Concentre-se nas informações que ela está usando para chegar às conclusões *dela* e deixe claro como você interpreta as informações para chegar às *suas* conclusões.

2. **Repita.** Conte a história da outra parte para ela, com suas palavras. Teste e demonstre que você entendeu. Caso ela diga que você deixou de mencionar alguma coisa, repita o que aprendeu.

3. **Compartilhe a *sua* história.** Não a apresente de forma hermética, mas explique como chegou à sua conclusão para que a outra parte compreenda seu raciocínio. Admita abertamente que é possível que você não conheça todos os fatos e que deve haver outras formas legítimas de enxergar a situação.

4. **Convide a outra parte a fazer perguntas.** Ela pode perguntar sobre a sua história e como esta o leva às suas conclusões, ou ela pode criticá-la.

Fique longe da questão de quem está certo. Use esse método para se afastar do "concordar em discordar" e se aproxime de um entendimento mútuo sobre como e por que você discorda, estabelecendo confiança.

Caso espere que as percepções diferentes criem muitas divergências na negociação, pense em discuti-las o mais cedo possível no processo.

Administre o impacto, não as intenções

Se a outra parte se sentir ofendida ou magoada por alguma coisa que você disse, mas não tenha sido essa sua intenção, isso pode ser outro sintoma de falha na comunicação. Como alguém que não queria ofender, é normal concentrar-se em corrigir a percepção da outra parte e demonstrar o que *de fato* você quis dizer. Porém, suas intenções não deveriam ser o foco aqui. Em vez disso, aborde o impacto que você pode ter causado.

Comece explorando as emoções do seu interlocutor que são resultado do que você disse ou fez. Se ele não for direto sobre seus sentimentos, teste o que você acha que seu impacto pode ter causado: "Embora não fosse minha intenção, receio que o que fiz ontem colocou você em uma situação constrangedora diante do seu chefe." Ou: "Estou realmente preocupado se o que eu falei pareceu uma crítica à sua equipe, embora não tenha sido isso que eu quis dizer." Abra a conversa, explore os resultados não intencionais e deixe-o falar. Mostre empatia ou, no mínimo, compreensão, e nunca hesite em desculpar-se. Você não está se desculpando pela intenção, mas pelo impacto.

Pense no exemplo de Alfredo, cuja intenção foi a de revelar quanto ele havia ajudado Débora e sua empresa. Infelizmente, tendo em vista a reação dela, Alfredo pôde perceber que Débora não interpretou a coisa dessa maneira. O que Alfredo não sabia é que Débora ouvira muitas vezes que o talento da equipe de engenharia da empresa de Alfredo era maior do que o da equipe dela. Então, com base em suas experiências, Débora interpretou isso como arrogância e vontade de se exibir – e, na verdade, como uma crítica. Ela ficou magoada por terem lhe lembrado aquilo que não conseguira alcançar.

Mas Alfredo não sabia disso; para ele, a reação dela era desconcertante. O próximo passo de Alfredo foi dar seguimento à conversa com Débora, explicando que ele esperara uma reação diferente e perguntando a ela o que tinha acontecido de errado. Ainda com raiva, Debora o acusou de insultá-la e de se exibir. Mas Alfredo continuou perguntando sobre a reação dela. Quando se acalmou, Debora explicou de que forma havia entendido a observação de Alfredo e os motivos que a levaram àquela reação. Debora explicou que sempre sentiu que sua falha em desenvolver um produto de uso mais fácil havia sido um ponto crucial em sua carreira e, desde então, não se sente muito feliz com seu trabalho. Alfredo teve, então, a oportunidade de responder: "Posso imaginar como você se sente. Desculpe por ter trazido tudo isso à tona e magoado você."

Ao administrar o impacto negativo do que ele disse, em vez de insistir que Debora compreendesse sua intenção, Alfredo aprendeu mais sobre os interesses dela, o que o ajudou ao longo dessa negociação: ela era competitiva, desejava resolver por conta própria os problemas da empresa e gostaria de melhorar o próprio trabalho. Ele também conquistou a confiança de Debora. Botou o relacionamento de volta nos trilhos ao perguntar, ouvir atentamente, reconhecer o impacto de suas palavras e a autenticidade dos sentimentos de Debora.

Crie uma proposta "concordável"

Se a outra parte sempre nega as suas propostas e opções, e você não consegue entender por quê, isso também é sinal de falha de comunicação. Apesar de ser mais fácil supor que a pessoa está sendo irracional ou teimosa, nenhuma dessas conclusões é útil e, na maioria das vezes, verdadeira. As pessoas fazem o que acreditam estar dentro de seus melhores interesses, quer os entendamos ou não.

Alfredo revelou a Debora todos os motivos pelos quais a proposta fazia sentido para ele e ofereceu uma solução para cada preocupação levantada por ela. Era improvável que chegasse a algum lugar continuando a persuadi-la.

Em vez disso, depois da conversa, Alfredo percebeu que sua proposta não devia atender bem aos interesses de Debora. Em vez de continuar pressionando-a, ele se colocou no lugar dela e tentou entender melhor *por que* sua ideia não a estava agradando. Sua meta era descobrir quais dos objetivos dela não estavam sendo atendidos e criar novas opções que pudessem funcionar melhor.

Meu parceiro, Roger Fisher, sempre aconselhava as pessoas a pensarem sobre a decisão do ponto de vista da outra parte e usar isso para criar uma *proposta concordável*. Para criar uma proposta concordável em sua negociação, siga os seguintes cinco passos:

1. **Pergunte-se se está tentando convencer a pessoa certa.** Às vezes, a pessoa com quem você negocia pode estar dizendo não porque as opções não satisfazem outras partes decisivas. Isso talvez indique que você deveria negociar com outra pessoa ou, simplesmente, que é preciso manter em mente que, mais tarde, a outra parte vai precisar de outra pessoa para decidir. Em ambos os casos, você precisa analisar os interesses dessas partes principais até envolvê-las diretamente na discussão. Por exemplo, Alfredo poderia ter falado com o chefe de Debora se tivesse percebido que ela não tinha autoridade para tomar a decisão de realocar a fábrica.

2. **Imagine qual escolha a outra parte acredita que você está lhe pedindo que faça.** Pense em como a outra parte talvez descrevesse para ela mesma essa escolha a partir da própria perspectiva, não da sua. Alfredo, por exemplo, talvez pensasse que, na mente de Debora, a questão devia parecer como "Devo concordar com a excelente proposta

de Alfredo para criar uma colaboração mais próxima, mais eficiente e de menores custos operacionais para mim?", quando, na verdade, ela estava pensando: "Devo ceder hoje à outra exigência do *superstar* Alfredo e ter de despedir pessoas em um lugar, contratar novas em outro local e deixar que a equipe da empresa dele meta o nariz em nossos negócios com mais facilidade?"

Perceber essa escolha difícil e não muito atraente para Debora teria ajudado Alfredo a entender melhor os interesses dela e criar novas opções que os atendessem.

3. **Faça uma lista das consequências negativas que a outra parte talvez perceba se concordar com a proposta atual.** Calcule cuidadosamente o que aconteceria se a outra parte concordasse com a sua proposta. Liste os resultados negativos em potencial. (Deixe os positivos de lado por enquanto, você já tentou usá-los para convencê-la e não funcionou.) Então, enumere à parte as razões que iriam *beneficiá-la* se ela não concordasse com você. Coloque-se no lugar dela. Se pensar, "Caramba, se eu visse as coisas dessa maneira, também diria não", você está no rumo certo.

Ao fazer essa análise, não se limite à sua imaginação para completar as listas. Fale com pessoas que conhecem sua interlocutora e a empresa para a qual ela trabalha. Pesquise o que está acontecendo nela.

Alfredo começou a estudar suas listas. Ao pensar no que aconteceria se Debora dissesse sim, ele percebeu que ela teria de realocar pessoas, despedir outras, levaria tempo para contratar novos funcionários, talvez compostos por mão de obra especializada e escassa, além de explicar sua decisão para o sindicato local, com o qual a empresa mantém fortes laços. Se dissesse não, listou Alfredo, ela pareceria forte perante os colegas e a equipe, manteria a promessa de não fazer realocações, permaneceria próxima à sede da empresa, onde se manteria disponível para novos trabalhos, continuaria a ter uma equipe de engenheiros que viajariam até a companhia de Alfredo uma vez ao mês e faria uso de videoconferência nas três semanas restantes. Se, por acaso, as coisas mudassem, sempre seria possível aceitar depois uma provável proposta de acordo melhor da parte de Alfredo.

Não era à toa que Debora não concordava, percebeu Alfredo. Não somente as opções na mesa de negociações contrariavam alguns de seus principais interesses, como a melhor alternativa dela parecia ser de fato muito boa.

Munido de uma melhor compreensão dos interesses não atendidos de Debora, Alfredo poderia considerar outras opções, pesquisar parâmetros que ajudassem Debora a defender sua escolha diante dos outros caso ela concordasse com a proposta ou demonstrar que a melhor alternativa dela era mais fraca do que ela pensava (talvez a opção de mudar seu departamento não fosse durar para sempre!).

4. **Compartilhe e verifique sua análise.** Mostre para a outra parte que você pensou sob a perspectiva dela e certifique-se de que está no caminho certo ao compartilhar suas conclusões. Diga algo como: "Eu estava tendo dificuldades de entender seu ponto de vista, portanto listei os motivos da sua negativa. Onde foi que eu errei? O que estou deixando passar?" Seu interlocutor apreciará o fato de você ter gastado seu tempo para pensar sobre a escolha dele, segundo a perspectiva dele, e mesmo que tenha feito um péssimo trabalho, ele pegará uma caneta e começará a fazer

marcações na sua lista. Essa conversa clareia interesses não atendidos e o ajuda a levar a negociação de volta ao ponto de inventar novas opções.

5. **Elabore outra proposta.** Tente influenciar a outra parte apresentando uma opção diferente. Isso pode implicar a elaboração de uma solução completamente nova ou simplesmente refinar ou acrescentar algo àquela que já se encontra em negociação. O objetivo é encontrar uma maneira de atender mais interesses importantes dela (e também os seus) e fazer com que as alternativas dela pareçam fracas, para que seja mais provável que ela concorde.

Ao usar essa análise, Alfredo criou novas opções que ele acreditou serem mais atraentes para Debora:

1. Auxiliar ativamente no recrutamento de funcionários no novo local.

2. Compartilhar critérios sobre o menor custo de vida e ajudar a elaborar um comunicado de imprensa que abordará as preocupações do crítico mais severo de Debora: o sindicato. Esses parâmetros podem ajudá-la a convencer as partes interessadas.

3. Acomodar o pessoal de Debora pelos próximos seis meses, mas sem pedir que se mude em caráter permanente.

Observe que as duas primeiras opções são apenas pequenos ajustes na opção que esteve o tempo todo na mesa de negociações, ao passo que a terceira é uma proposta bem diferente.

Por último, Alfredo avisou a Debora que essa janela de oportunidade não iria durar para sempre, porque não haveria fundos para essa mudança depois do término do ano fiscal. Ele a ajudou a entender que a melhor alternativa dela – dizer não e esperar uma proposta melhor da parte dele – não era tão atraente quanto ela imaginava.

O objetivo aqui é criar uma opção nova e mais atraente por meio de uma melhor compreensão dos interesses da outra parte. Lembre-se: a maioria das pessoas começa com um posicionamento ao qual se agarra com força. Depois de entender as razões por trás desse apego, você pode abordar os interesses de ambas as partes com o auxílio de uma proposta concordável.

Encontrar a compreensão como resultado de um esforço conjunto e criar uma proposta que a outra parte possa aceitar vai ajudar nas falhas de comunicação e encaminhá-lo em direção a uma solução mais produtiva.

Capítulo 13
Quando as emoções atrapalham

Jogue água fria na fervura

O problema

A despeito de quanto possam ter se preparado, muitas pessoas temem que a negociação descambe para um debate improdutivo ou uma competição de quem grita mais alto. Mesmo que seu enfoque seja cooperativo, uma mentalidade de que os problemas se resolvem em conjunto, é possível que as coisas esquentem. Você percebe claramente quando isso acontece. Talvez suas emoções se intensifiquem; você sente que a sua pressão arterial subiu, que está ficando ansioso ou com raiva. Talvez a outra parte sinta o mesmo. As vozes se alteram, um de vocês, talvez os dois, começam a gritar.

Vejamos o exemplo de uma empresa que planeja o orçamento anual. Betty, chefe de vendas, está preparando o orçamento para o ano seguinte e vai encontrar Amit, diretor financeiro.

Betty já pediu várias vezes a Amit uma revisão dos montantes a serem incluídos no orçamento dela. Em vez de entregá-los, Amit sempre volta a fazer mais perguntas.

O esboço de orçamento de Betty precisa ser apresentado ao diretor financeiro pela manhã, por isso ela solicita uma reunião com Amit para discutir o que está acontecendo. Amit aceita, mas chega 15 minutos atrasado. Depois de explicar que precisa dos valores naquele dia, Betty pergunta o que o impede de simplesmente entregá-los. Amit começa a dizer que ela não enviou informação suficiente e que ele teve muito trabalho para entender o que ela havia lhe entregado.

Betty levanta a voz: "Eu pedi quatro vezes que me desse esses valores. Você chega 15 minutos atrasado e agora sou eu que levo a culpa. O que o impede de simplesmente fazer o que eu pedi?"

Amit não consegue acreditar que ela não compreenda o problema. "Já estou trabalhando há várias semanas em cima dos seus valores! Mas só posso lhe dar as somas definitivas quando você me der toda a informação de que preciso. Você não entende que isso depende de você?"

À primeira vista, talvez isso não lhe pareça uma negociação, mas é: há duas partes com diferentes incentivos e interesses procurando chegar a um acordo sobre como proceder. Nesse caso, surgiu um conflito que não precisa necessariamente prejudicar o relacionamento entre Betty e Amit nem o esboço do orçamento de Betty.

Por que isso acontece

As emoções ficam alteradas durante uma negociação porque coisas importantes estão em jogo: o emprego das pessoas, sua reputação diante dos chefes, sua segurança, o sucesso de algum empreendimento ou o futuro do negócio.

Uma negociação também pode exacerbar as emoções quando você e a outra parte não se comunicaram bem (como vimos no capítulo anterior). Talvez tenham deixado de compreender as intenções um do outro ou se ofenderam, provocando ressentimentos.

O que fazer

Qualquer que tenha sido o motivo de a conversa ter se tornado agressiva, ajude a outra parte – ou a você mesmo – a jogar água fria na fervura. Fique calmo, esforce-se para compreender o que deflagrou essa situação, veja se consegue utilizar alguma das emoções para ajudá-lo a expor sua posição e tente solucionar qualquer problema sistêmico.

Mantenha a calma
Se a outra parte está descontrolada, procure manter a calma. É mais fácil dizer do que fazer, mas eis algumas dicas para desarmar a situação:

1. **Concentre-se nas suas reações físicas.** Respire fundo, em vez de ficar tenso e parar de respirar. Deixe a energia escoar apoiando as mãos na mesa ou os pés no chão. Os movimentos físicos que você fizer influirão na maneira como sua mente reage. Se você ficar torcendo as mãos, sinalizará para sua mente que há algo preocupante. Por outro lado, se começar a se mexer lenta e deliberadamente, enviará ao cérebro uma mensagem para que se mantenha calmo.

2. **Escute o que a outra parte tem a dizer.** Deixe-a desabafar. Algumas pessoas precisam extravasar a raiva. Depois de alguns gritos ou socos na mesa, elas talvez consigam se

acalmar. Você não precisa necessariamente reagir às explosões. Se puder, releve-as e passe para um modo de interação mais produtivo.

3. **Mostre que você escutou o que foi dito.** Repita calmamente o que você ouviu. Reconhecer o que fez a outra parte ficar aborrecida muitas vezes ajuda a mudar as coisas. Às vezes, as pessoas querem apenas ser ouvidas.

4. **Demonstre empatia.** Se a outra parte está enfurecida com algo que não tem nada a ver com você, reconheça que a situação parece difícil. Talvez você possa até enquadrar a questão como um problema comum, que deve ser resolvido pelos dois em conjunto.

5. **Descubra mais.** Se você for o motivo da frustração da outra parte, pesquise e descubra o que está acontecendo. Adote as estratégias do capítulo anterior e procure compreender o que você fez e como vocês dois podem estar enxergando as coisas de ângulos diferentes.

6. **Faça um intervalo.** Se é você quem está ficando com raiva e com as emoções alteradas, pense em fazer um intervalo. Vá dar uma volta. Converse com alguém da sua equipe. Respirar fundo um pouco, e até uma pequena meditação, pode ajudá-lo a se reequilibrar.

Quando Amit lhe respondeu duramente, Beth respirou fundo e se recostou na cadeira, apoiando os dois pés no chão. Depois de estabilizar o corpo, começou a se acalmar, mas não deixou de perceber que Amit ainda tinha o rosto vermelho e mantinha os braços cruzados.

O passo seguinte de Betty foi se desculpar pela explosão. No entanto, não parou por aí. Também perguntou a Amit por que ele estava aborrecido. Ela tomou a iniciativa de ouvir e deixou que ele desabafasse.

Amit disse que estava sofrendo muita pressão por causa do prazo. Confessou que Betty não tinha sido a primeira a despertar sua ira naquela semana. Contou que não estava cumprindo seus objetivos porque não recebera recursos suficientes no ano anterior. Ele ainda compartilhou com Betty uma situação de dois meses antes, em que pedira a ajuda dela e não recebera. Ela não fazia ideia do que ele estava falando, mas não o interrompeu; em vez disso, lhe perguntou quais haviam sido as consequências. Depois de ter desabafado – e diante da evidente boa vontade de Betty em escutá-lo –, Amit também se acalmou. Betty ficou aliviada quando viu que os ombros do colega começaram a relaxar e ele descruzou os braços.

Compreenda os gatilhos

À medida que você procura avançar, é útil compreender o que provocou a sua ira. Todos nós temos implicâncias e comportamentos que deflagram reações de raiva. Aprenda a reconhecer o que o aborrece. Pode ser que você deteste quando alguém duvida de sua integridade ou de que você esteja falando a verdade. Talvez você fique muito irritado quando alguém exagera uma opinião e não para de repeti-la. Pode ser que saia do sério quando chamam sua atenção sobre algo que você sabe que precisa aperfeiçoar ou algo do qual você se orgulha e a pessoa encara a situação negativamente. Às vezes, basta compreender o motivo de sua raiva para recuperar o autocontrole.

Preste atenção também no que aborrece a outra parte. Observe quando ela se torna emotiva. Existem determinadas palavras ou comportamentos que parecem provocá-la? Se vocês já negociaram antes, tente se lembrar de outras ocasiões em que ela ficou aborrecida. Percebeu alguns padrões de comportamento?

Depois que Betty e Amit se acalmaram, ela se lembrou de sempre ter raiva quando as pessoas se atrasavam para as reuniões, porque aquilo lhe parecia uma falta de respeito. Ela trabalhava muitas horas de noite e nos fins de semana para garantir que nunca se atrasasse, e não só Amit chegara atrasado para a reunião como estava a ponto de fazê-la atrasar a apresentação de seu orçamento. Ela reconheceu que isso havia sido o *gatilho* e a provável causa de ter ficado tão chateada.

Mas lembrou também que a equipe de vendas era famosa pela extrema pontualidade e a financeira exatamente pelo contrário (talvez, Betty agora reconhecia, por causa do grande volume de trabalho criado pelas demandas da equipe de vendas). Ela trabalhava com Amit havia muitos anos e já o vira se irritar antes: quase sempre isso acontecia quando as pessoas questionavam sua ética de trabalho. Mas Amit também ficava depois do expediente, muitas vezes até tarde da noite, e se orgulhava da qualidade de seu trabalho, ainda que nem sempre o terminasse no prazo. Para ele, trabalhar com afinco e fazer as coisas direito eram mais importantes que cumprir o prazo.

Betty sugeriu trabalhar naquela noite com Amit depois do expediente, a fim de lidarem com as contas juntos. Assim, Amit receberia as informações de que precisava para acertar os cálculos e Betty conseguiria entregar o orçamento no prazo. Amit concordou e ambos deixaram a reunião se sentindo muito melhor com esse plano, e um com o outro.

Faça uso das emoções
Há pessoas que acreditam que não deveriam ficar emocionalmente perturbadas durante uma negociação, que não deveriam revelar seus sentimentos, tanto os bons quanto os maus. Mas há ocasiões em que demonstrar um sentimento pode ser útil. Apesar de Betty ter tirado a conversa dos trilhos ao perder a calma

durante a negociação, ao menos Amit passou a entender a importância que ela dava ao fechamento daqueles cálculos e à entrega do esboço de seu orçamento no prazo.

Se algo o aborrece ou o tira do sério é bom demonstrar que você ficou frustrado ou decepcionado. (Reagir sem critério, com socos na mesa, saindo intempestivamente ou com ataques verbais à outra parte já é outra história. Perder o controle nunca é bom.) Se você tiver ficado realmente entusiasmado com algo positivo, como um item do acordo, ou preocupado com algo importante, como a necessidade de resolver algum problema crucial, é bom exprimir a sua emoção. É claro que deve fazer isso de maneira consciente. Não deve sinalizar uma carência especialmente intensa (por dar mais importância a determinado interesse do que a tudo mais) ou um desespero qualquer (de que suas alternativas não sejam as melhores). Em vez de se deixar controlar pelas emoções, canalize-as e utilize-as para reforçar sua posição.

Você também pode canalizar as emoções da outra parte. Utilize-as para descobrir os interesses dela (principalmente temores e preocupações) ou como catalisadores na hora de criar opções. "Você está irritado, e eu também, então o que podemos fazer a respeito disso?", ou "Você ficou claramente magoado. De que maneira podemos consertar essa situação?". Se a pessoa está emotiva, é sinal de que está engajada, e muitas vezes é a melhor hora para avançar para o círculo de valores. À medida que a emoção vai embora, você pode mudar de lugar e se sentar ao lado dela ou se concentrar num pedaço de papel ou quadro-negro e, juntos, começarem a registrar interesses, opções e critérios.

Encare os conflitos recorrentes

Às vezes, as emoções ficam à flor da pele não por conta de alguma situação na sala de negociações, mas porque há muito tempo existe um relacionamento ruim entre as partes. Se você sentir que o motivo das reclamações não tem muito a ver com o que você acabou de dizer, tente conversar sobre isso.

Se ficou surpreso porque a negociação se tornou sensível ou se as conversas com determinada parte tendem sempre a azedar, provavelmente é sinal de algum problema sistêmico. Descubra o motivo subjacente: prazos não cumpridos, promessas quebradas, falta de preparação, comentários ou comportamentos desrespeitosos, ameaças passadas, encaminhamento dos problemas aos níveis superiores ou ainda manipulação de verdades. Use o que aprendeu no Capítulo 6 para lidar com os relacionamentos: exponha abertamente esses problemas em vez de deixá-los se agravarem e discuta como resolver o problema subjacente, em vez de apenas amenizar temporariamente as coisas.

As explosões emocionais podem ser assustadoras e muitas vezes é difícil imaginar como superá-las. Mas equilibrar as emoções da outra parte a as suas – deixando que venham à tona, mas pensando analiticamente sobre o que de fato está acontecendo e como consertar isso – ajuda a manter a conversa produtiva e a descobrir soluções proveitosas para todos.

Seção 4
Pós-jogo

A recapitulação cuidadosa estimula o aprendizado e o aperfeiçoamento

A maneira de concluir a negociação é tão importante quanto a de iniciá-la. Termine no tom certo, de modo que o que se segue – a colocação em prática do acordo e quaisquer negociações futuras – decorra com tranquilidade.

No capítulo seguinte, discutirei como dar um ponto final à negociação e comunicar os resultados às pessoas certas. No último capítulo, explicarei como aprender com a negociação a fim de aperfeiçoar continuamente a abordagem organizacional diante de transações semelhantes, além de refinar suas próprias habilidades.

Capítulo 14
Conclua a negociação

Saiba quando terminar e comunique as decisões finais

Se você negociou um acordo bem-sucedido, que atenda aos critérios escolhidos antes para conseguir um bom desfecho, parabéns! É difícil chegar a este ponto. Você talvez suponha que este é o fim da negociação e só lhe resta assinar os documentos. No entanto, são necessários mais três passos – os últimos – antes de dar a negociação por finalizada: documentar os termos, fazer a comunicação às partes interessadas e se preparar para a implementação do acordo.

Documentar os termos

Se você utilizou o procedimento de texto único descrito no item "Coloque todo mundo na mesma página – literalmente", no Capítulo 10, você já registrou os termos que mereceram a sua concordância. Caso contrário, agora é uma boa hora para registrar como se chegou à conclusão, de modo que todos compartilhem a compreensão dos detalhes específicos.

Incorpore quaisquer anotações feitas por você ou pela outra parte durante o processo, quaisquer detalhes que tenha anotado no quadro ou em memorandos depois da sessão. Em um cenário mais formal, esse é o momento em que você deveria preparar o contrato que expressa o acordo e requer assinaturas.

Não importa se você faz uso de e-mail, memorando ou contrato: faça a outra parte recapitular e concordar com o texto, assegurando-se de que cada um possua uma cópia. Mesmo no caso de rápidas negociações de corredor é necessário dar seguimento com algum tipo de confirmação por escrito possível de ser compartilhada com a outra parte ou com quaisquer outros interessados.

A documentação serve a dois propósitos: primeiro, assegura que todos estejam na "mesma página". Você ou a outra parte podem compartilhar o e-mail ou o contrato com outras pessoas da sua organização. Segundo, a versão final aprovada serve como registro do que foi acordado no caso de a outra parte, ou de qualquer outra pessoa que vá implementar o acordo, ter necessidade de recordar os detalhes.

Atenção: a não ser que você seja o único interessado do seu lado, esclareça à outra parte que você não está se comprometendo definitivamente nessa etapa, pois ainda precisa levar a documentação para que seus colegas a examinem.

Comunique-se para ter certeza de que houve acordo

Você tem mantido as partes interessadas informadas no decorrer da negociação. Agora é o momento de confirmar se todos com poder de decisão estão envolvidos. Pode ser que as equipes financeira e jurídica precisam rever os termos com cuidado, sua equipe operacional pode querer saber o que lhe caberá ou talvez seu chefe precise apenas aprovar. Compartilhe a documentação e explique o motivo de recomendá-la, dando ênfase aos interesses e critérios aos quais ela atende.

Às vezes, essa revisão será uma mera formalidade; outras, será necessário persuadir pessoas ou, em raras ocasiões, voltar a partes do acordo caso apresentem problemas.

Envolver aqueles que verdadeiramente importam – quer seja seu chefe, líderes funcionais importantes ou sua família – aumentará bastante suas chances de pôr o acordo em prática.

Elabore a implementação

Antes de gritar vitória e seguir adiante, pense nos passos que vão assegurar uma transição suave do acordo à sua implementação.

Talvez o acordo seja algo de que você mesmo se encarregou, a exemplo de uma nova função que acabou de negociar com seu chefe. Se for o caso, converse sobre os passos para a complementação antes de deixar a sala. Quem redigirá a descrição da nova função? Você vai precisar de determinados recursos e, se assim for, quem os captará e como? Qual o prazo? Como será medido o progresso e o sucesso? Discuta abertamente como passar à ação a partir do acordo conceitual.

Se você está concluindo uma negociação mais complexa, é provável que tenha resolvido importantes metas e prazos finais, incluindo-os no contrato. Porém, antes pense uma última vez em como o acordo será posto em prática e por quem, e no que poderia mudar e dar errado. Você discutiu o que aconteceria se você ou a outra parte não conseguissem atingir essas metas? Que processo usará para os ajustes? Haverá multas? O que acontecerá se você ou a outra parte, ou outros interessados proeminentes, deixarem a organização antes do término do projeto? É possível que você e a outra parte tenham concordado sobre a existência de termos arriscados no contrato e que seja preciso pensar em algo contra danos colaterais; se assim for, qual o plano para fazer isso?

Se sua função for apenas negociar e a responsabilidade pela implementação será delegada, pense no que *eles* precisam fazer de fato em relação ao acordo. Essas podem parecer questões logísticas, estranhas ao acordo, mas, na verdade, são detalhes importantes sobre os quais você precisa pensar, discutir com a outra parte e talvez acrescentar formalmente ao documento. Todo o trabalho investido na negociação do acordo pode ter sido em vão se ele não puder ser implementado.

Ponha o acordo em prática

Depois que o acordo for finalizado, informe aos envolvidos na implementação o que foi negociado, a intenção do acordo, a informação que você conseguiu sobre a outra parte e seus interesses e quaisquer riscos e obstáculos previsíveis. Também é útil compartilhar os pontos difíceis do processo de negociação, pois eles são capazes de indicar onde os futuros problemas podem ocorrer. Dedique seu tempo para explicar qualquer elemento do acordo que seja novidade para sua organização, como, por exemplo, algum recurso especialmente criativo de entrega ou pagamento.

Por exemplo: alguém do departamento de vendas de um fornecedor de serviços acabou de fechar uma negociação. Por causa da complexidade do acordo, foi preciso usar muitos termos jurídicos no contrato, por isso o vendedor deveria transmitir à equipe responsável pela entrega os principais termos em linguagem simplificada. O cliente enfatizou, no decorrer da negociação, a sua preocupação sobre determinados prazos ou condições, algo que ele também deveria transmitir à própria equipe. Ele ainda reparou que, durante o processo, os representantes da organização do cliente enfrentavam os conflitos sem pestanejar: também contará isso à sua equipe, no caso de surgirem desacordos no decorrer do tempo.

Não considere que a negociação esteja "fechada" até que todas as informações relevantes sobre o acordo tenham sido transmitidas a quem estiver trabalhando para colocá-lo em prática; use o quadro a seguir para ter certeza de que pensou em tudo. Nem todos os itens serão adequados a todas as negociações. Em cada caso, pense na maior ou menor complexidade do contrato, em quão problemática você acha que será a implementação, na profundidade e na dinâmica da relação com a outra parte, e em quão contenciosa foi a negociação, compartilhando isso com quem quer que possa ser afetado pelo acordo.

CHECKLIST PARA COMUNICAR O ACORDO AOS IMPLEMENTADORES

1. Para auxiliar os implementadores a compreender de fato o acordo, eu:

    - compartilhei o contrato;
    - realcei os pontos mais importantes;
    - registrei os nossos interesses e os da outra parte, que estão por trás de termos importantes;
    - compartilhei as intenções por trás dos termos quando isso não estava claro.

2. Para preveni-los de potenciais conflitos futuros, eu:

    - anotei onde e por que houve algum conflito notável durante a negociação sobre determinada questão ou termo;

- frisei os pontos-chave onde houve alguma incerteza na negociação sobre como lidar com uma questão fundamental ou diferença entre as partes;

- realcei os pontos em que a questão ou o termo cria, deixa em aberto ou tenta administrar algum risco substancial para uma ou ambas as partes;

- registrei os pontos em que ficamos preocupados com o cumprimento dos compromissos feitos pela outra parte e quaisquer pontos em que a outra parte ficou preocupada com o cumprimento dos nossos compromissos.

3. Para auxiliar os implementadores a lidar com o relacionamento atual com a outra parte, eu:

- compartilhei o que percebi durante a negociação sobre o modo operacional da organização da outra parte;

- realcei as diferenças críticas entre nossas prioridades, métodos, modos de interagir, valores, etc. e os deles;

- informei-os sobre quaisquer tensões nos relacionamentos e sobre pessoas difíceis da outra organização, pessoas ótimas com quem trabalhar, relacionamentos especialmente fortes e úteis entre determinadas pessoas da nossa organização e da outra, e assim por diante;

- transmiti quaisquer percepções que tive sobre quem influencia quem na outra organização, sobre que tipos de questões e de que maneiras isso acontece: em outras palavras, os detalhes de um mapa dos relacionamentos da outra organização.

4. Para ajudar os implementadores a começar o trabalho, eu:

- apresentei-os a importantes pessoas na organização da outra parte;

- realcei metas a curto prazo, iniciativas a serem tomadas, compromissos a serem cumpridos, prazos, etc.;

- registrei as dependências críticas entre o que eles precisam fazer e aquilo que nós precisamos fazer, e principalmente entre aquilo que prometemos e aquilo que eles prometeram;

- compartilhei a maneira como será medido o sucesso do acordo a curto prazo por ambas as partes.

Capítulo 15
Recapitule o que aconteceu

Utilize as lições aprendidas hoje para aperfeiçoar o amanhã

Quando a negociação estiver de fato terminada, não se parabenize ainda. Toda negociação é uma chance de aprender e aperfeiçoar suas habilidades de negociador.

Faça uma recapitulação

Infelizmente, a maioria das pessoas não revê as negociações, a não ser quando as coisas dão muito errado. É evidente que você aprenderá muito com os fracassos, mas existem também lições valiosas a aprender com o sucesso. Certifique-se de recapitular, registrar o que aprendeu e receber feedback.

Dedique algum tempo para essa reflexão o mais próximo possível do término da negociação, para que os fatos continuem vivos na sua memória. No caso de uma negociação mais simples, reserve 15 minutos no caminho para o trabalho para relembrar as lições aprendidas. No caso de uma mais complexa, faça uma recapitulação depois de cada sessão. Programe uma nova revisão depois de conviver alguns meses com o acordo para avaliar se surgiram problemas na implementação que possam mudar sua maneira de pensar sobre o que fazer ou evitar na próxima negociação.

Se você negociou sozinho, peça a ajuda de algum colega de confiança e faça-o percorrer o processo. No caso de uma negociação mais complexa, organize uma reunião com quaisquer colegas que estiveram envolvidos. Isso inclui quem estava na sala de negociações e também os que desempenharam um papel importante nos bastidores.

Determine o que funcionou bem e em que ponto melhorar
Identifique áreas para aperfeiçoar suas habilidades de negociação e as habilidades de sua empresa e estratégias que possam ser usadas novamente em outras situações.

Quando você realizar essa reunião de recapitulação (ou quando se sentar para elaborar as coisas sozinho), faça as seguintes perguntas:

- O que funcionou bem? Por quê? O que eu deveria continuar fazendo da próxima vez?

- O que não funcionou bem? Por quê? O que deveria ser feito de outra maneira da próxima vez?

- Onde houve entraves na negociação e por quê? Se fui capaz de superar o entrave, como procedi?

- O que posso aprender com a outra parte?

- Há novos interesses, opções criativas, critérios persuasivos ou jogadas eficazes para virar o jogo que eu gostaria de registrar para empregar de novo ou compartilhar com colegas que enfrentam negociações semelhantes?

No caso de negociações mais complexas, tente fazer essas perguntas periodicamente: na preparação, na condução, ao fazer correções no meio do caminho e na conclusão.

Avalie o acordo final também em relação a cada um dos Sete Elementos como medida de êxito. Se o acordo atendeu bem a seus interesses mas não é possível dizer o mesmo quanto aos critérios, você agora sabe ao que precisa se dedicar mais e o que deve praticar no futuro.

Registre o que aprendeu
Registre tudo o que foi discutido na sua sessão de recapitulação. Seja determinado. Transforme o que você aprendeu em conselhos para empregá-los da próxima vez que negociar.

Pense em manter um diário para registrar as lições extraídas de cada uma de suas negociações, inclusive sobre opções criativas, critérios persuasivos, maneiras de melhorar relacionamentos e outras estratégias que funcionaram bem. Desse modo, você pode recapitular seus conselhos práticos antes da negociação seguinte e implementá-los a fim de obter melhores resultados.

Compartilhe com os outros o que você aprendeu
Registre suas lições de modo que outras pessoas que não participaram do processo possam compreendê-las. Na maioria das vezes, as lições aprendidas na negociação ficam restritas apenas ao negociador. Ajude os outros a se beneficiar com sua experiência, realçando o que você aprendeu com o processo e com as outras partes, com o jeito inovador com que estruturou o acordo e com as estratégias bem-sucedidas. Algumas empresas criam manuais de estratégia de negociação com esse tipo de informação.

Vise ao aperfeiçoamento contínuo

A melhor maneira de aperfeiçoar a negociação é se preparar, conduzir, recapitular e repetir. Apesar de sua próxima negociação poder englobar um conjunto de questões diferentes, o processo e as habilidades de que precisa para ser bem-sucedido provavelmente serão bem semelhantes.

Se você abordar todo o processo com disciplina, com o tempo não só se tornará cada vez mais seguro, como também obterá melhores resultados, estabelecerá relacionamentos produtivos e fará acordos valiosos com chefes, colegas, clientes, fornecedores e sócios.

Saiba mais

Se você estiver interessado em aprender mais sobre negociação, os livros abaixo são um ótimo ponto de partida. Estas publicações são de autoria de colegas meus e cada uma delas definiu ou ajudou a dar forma às estratégias e aos conselhos deste guia.

Ertel, Danny e Mark Gordon. *The Point of the Deal: How to Negotiate When Yes Is Not Enough*. Boston: Harvard Business School Press, 2007.

Fisher, Roger e Scott Brown. *Getting Together: Building Relationships as We Negotiate*. Boston: Houghton Mifflin, 1988.

Fisher, Roger e Daniel Shapiro. *Além da razão: a força da emoção na solução de conflitos*. Rio de Janeiro: Imago, 2009.

Fisher, Roger, William L. Ury e Bruce Patton. *Como chegar ao sim*. Rio de Janeiro: Sextante, 2018.

Stone, Douglas, Bruce Patton e Sheila Heen. *Conversas difíceis: como argumentar sobre questões importantes*. Rio de Janeiro: Campus, 2011.

CONHEÇA OS TÍTULOS DA HARVARD BUSINESS REVIEW

COLEÇÃO HARVARD
10 LEITURAS ESSENCIAIS:

Desafios da gestão

Gerenciando pessoas

Gerenciando a si mesmo

Para novos gerentes

Inteligência emocional

COLEÇÃO HARVARD
UM GUIA ACIMA DA MÉDIA:

Negociações eficazes

Apresentações convincentes

Como lidar com a política no trabalho

Faça o trabalho que precisa ser feito

A arte de dar feedback

Para saber mais sobre os títulos e autores da Editora Sextante, visite o nosso site. Além de informações sobre os próximos lançamentos, você terá acesso a conteúdos exclusivos e poderá participar de promoções e sorteios.

sextante.com.br